La lithographie dans ses rapports avec la peinture

1863

HENRI DELABORDE

TABLE DES MATIÈRES

LA LITHOGRAPHIE DANS SES RAPPORTS AVEC LA PEINTURE

Charlet, Vernet, Delacroix, Bonington, Devéria, Decamps, Raffet, Gavarni (1816-1863)

I. Raffet, zon Œuvre lithographique et ses Eaux-Fortes, par H. Giacomelli. - II. Catalogues raisonnés des collections Parquez et de La Combe, par Ph. Burty. - III. Charlet, sa Vie, ses Lettres, suivi d'une description raisonnée de son OEuvre lithographique, par M. de La Combe.

Un demi-siècle ne s'est pas écoulé encore depuis que les procédés de Senefelder ont été importés en France, et déjà la lithographie semble avoir traversé toutes les phases qui précèdent ou qui marquent dans la vie d'un art la période d'affaiblissement et de déclin. Ce moyen d'expression pittoresque, si plein de promesses au début, si rapidement populaire parmi les artistes, ne sert plus guère aujourd'hui qu'à défrayer une industrie vulgaire et à multiplier des produits où la dextérité se substitue à la verve, la jactance dans la pratique aux témoignages discrets du talent. Nous ne parlons pas de ces mille croquis sur pierre, griffonnés et publiés au jour le jour pour nous dénoncer quelque chose des extravagances de la mode, des menus scandales ou des ridicules frais éclos, - sorte de chronique en images dont nos yeux peuvent chaque matin s'amuser tant bien que mal, mais qui, en raison de son principe et de sa destination même, n'intéresse ni le goût ni l'art proprement dit : nous voulons parler d'œuvres moins futiles en apparence, bien que tout aussi étrangères aux conditions originelles du procédé, et constater malheureusement la décadence de la lithographie là où elle affiche le plus de prétentions au progrès, à la certitude, à la possession absolue de ses ressources. Les fâcheux exemples de dessin où l'indication sincère de la forme est sacrifiée à la symétrie des hachures et à d'inutiles tours d'adresse, les reproductions de tableaux où le crayon cherche à simuler dans le ton, dans le modelé, une intensité et un relief qu'il n'appartient qu'au burin d'exprimer, - toutes ces banalités, ces contrefaçons, ces équivoques, ne servent qu'à fausser la notion et l'usage d'un moyen fort net en soi pourtant, fort exactement approprié à certaines conditions de l'art.

La lithographie ne saurait prétendre à une rivalité impossible avec la gravure. Quoi qu'on tente en ce sens, la gravure gardera toujours les privilèges que lui assurent ses élémens mêmes et ses lois nécessaires; mais si la lithographie est forcément impuissante à nous expliquer le fond des choses, s'il lui est interdit de reproduire rien de plus que des apparences un peu sommaires et des formes un peu flottantes, il ne s'ensuit pas qu'elle n'ait, dans les limites qui lui sont assignées, ni une action utile à exercer, ni une part d'honneur à conquérir. Les beaux dessins sur pierre publiés en France, depuis les premiers ouvrages de Charlet et de Géricault jusqu'aux derniers travaux de Raffet et de Gavarni, sont à cet égard parfaitement significatifs. Ils prouvent de reste que le crayon, lui aussi, peut être pour l'art un instrument de progrès, qu'en pareille matière tout dépend des intentions auxquelles l'artiste s'arrête et des ambitions qu'il écarte, qu'enfin le procédé lithographique, judicieusement employé, devient quelquefois plus favorable qu'aucun autre au développement et à la popularité de certains talens. Si secondaires qu'ils paraissent, des succès ainsi obtenus ne laissent pas de compléter la gloire d'une école et d'ajouter un contingent considérable à des titres plus solennels, à des succès plus laborieusement acquis.

L'école française en particulier devait adopter avec empressement et pratiquer bientôt, sans effort ni méprise d'aucune sorte, un moyen si naturellement conforme à quelques-uns de ses plus chers instincts. La lithographie, en vertu même de sa simplicité ou, si l'on veut, de son insuffisance pittoresque, s'adresse à l'intelligence au moins autant qu'aux regards du spectateur ; elle laisse à celui-ci le soin d'achever par la pensée ce que le crayon n'a exprimé qu'à demi. Soit qu'elle reproduise sans commentaire un fait ou un trait de mœurs, soit qu'elle en esquisse l'image au-dessus d'une légende explicative, elle suffit pour contenter cet esprit littéraire que nous apportons en général dans l'examen des œuvres de l'art, ou du moins elle l'intéresse assez directement pour avoir raison d'autres exigences de l'imagination et du goût.

Il y aurait quelque injustice d'ailleurs à ne voir dans la lithographie qu'un art et des procédés absolument frivoles, une sorte d'équivalent du vaudeville. La lithographie serait plutôt à la gravure et à la peinture d'histoire ce que l'opéra-comique est à la musique sérieuse, - quelque chose de mixte, de tempéré, où les inspirations du sentiment se concilient avec des formes d'expression familières, où l'imitation de la réalité sert de laisser-passer à la fantaisie et l'humilité apparente des moyens à la grâce ou à l'énergie des intentions. En faisant de la musique l'auxiliaire et le complément de la parole, les compositeurs français ont excellé souvent à les définir l'une par l'autre et à rendre vraisemblable une association toute factice. Ceux de nos maîtres qui se sont servis du crayon lithographique pour écrire l'histoire contemporaine ont su à leur tour dissimuler les côtés artificiels de l'entreprise et nous ôter le droit de remarquer ce qu'il y a dans ce récit pittoresque d'élémens empruntés à l'ordre purement littéraire ou à d'ingénieuses conventions.

Par quelle singulière défiance des entraînemens de l'esprit les successeurs de ces maîtres s'appliquent-ils si bien aujourd'hui à démentir les premiers exemples et à faire prévaloir sur le reste le travail de la main, de l'outil? D'où vient cette transformation de la lithographie, c'est-à-dire d'un art qui n'existe qu'à la condition d'effleurer les choses et d'en esquisser l'image, en une contrefaçon des moyens matériels exigeant le plus d'insistance dans l'étude et dans la pratique? Les artistes qui, les premiers dans notre pays, ont fait usage du crayon lithographique ont bien su se préserver de ces erreurs. Tout dans leurs œuvres a le caractère de la bonne foi, de l'aisance, de l'adresse naïve; rien ne trahit les stratagèmes de la pratique. Si modestes qu'en soient les termes, de pareils travaux méritent donc une estime sérieuse, surtout lorsqu'on les rapproche des travaux tout différens qui ont suivi, et qu'on met en regard de cette manière sans ambition et sans détours l'habileté recherchée ou les formules laborieuses qui compliquent aujourd'hui l'aspect et la signification des produits de la lithographie.

Il semble au surplus que l'opinion hésite de moins en moins à donner sur ce point raison au passé. Les lithographies publiées il y a trente ou quarante ans ont acquis déjà l'importance qu'on n'attache d'ordinaire qu'aux œuvres anciennes. On se les dispute dans les ventes avec une passion presque égale à celle qu'excitent les gravures les plus célèbres des vieux maîtres, et il n'est pas rare de voir telle humble feuille de papier sortie autrefois avec plusieurscentaines d'autres des presses de l'imprimeur atteindre un prix beaucoup plus élevé que le chiffre primitivement accepté par l'artiste pour la cession de la pierre originale [1]. En outre, des écrivains spéciaux recueillent et décrivent les pièces dont se compose l'œuvre complet de chaque maître lithographe. Ils en dressent le catalogue, en signalent les états successifs avec le soin qu'ont apporté Bartsch et les iconographes les mieux famés dans leurs recherches sur les anciens peintres-graveurs. Depuis le livre consacré par M. de La Combe à l'histoire du talent de Charlet jusqu'à celui où M. Giacomelli dénombre et apprécie avec une sagacité remarquable les travaux de Raffet, jusqu'aux très utiles catalogues publiés en diverses occasions par M. Burty, on pourrait citer plusieurs ouvrages attestant de nos jours des préoccupations et des efforts de zèle que, fort récemment encore, les monumens de l'art du burin avaient seuls le privilège de susciter.

Que conclure de tout ceci, que signifient ce mouvement du goût public et cette inclination générale à se détourner du présent pour regarder avec un surcroît d'attention en arrière? Est-ce donc que la lithographie a si bien fait son temps parmi nous qu'il ne reste plus désormais qu'à en honorer les reliques? Est-ce qu'après s'être implantée dans le domaine de l'art, elle y a porté ses fruits une fois pour toutes? est-ce enfin qu'en succombant sous les agressions du métier, sous les tristes progrès mécaniques dont la manie des fac-similé a été l'origine et la photographie le dernier mot, la lithographie ne laisse à la critique d'autre tâche qu'un résumé purement historique à faire ou une oraison funèbre à prononcer? Nous ne le pensons pas. Il nous semble plutôt que retracer quelque chose des faits qui se sont succédé jusqu'au moment où nous sommes, ce sera travailler en même temps à ranimer des désirs légitimes, à stimuler les progrès à venir.

I

Nous disions tout à l'heure que les débuts de la lithographie en France ne remontent pas au-delà des premiers temps de la restauration. C'est en effet entre les années 1816 et 1820 que les ressources du nouveau procédé commencent à être exploitées par des artistes habiles et que les premières imprimeries lithographiques s'établissent. Il ne suit pas de là toutefois qu'avant cette époque personne, dans notre pays, ne se fût préoccupé de la découverte faite de l'autre côté du Rhin. Quelques expériences isolées avaient eu lieu déjà, quelques tentatives s'étaient succédé, dont on peut suivre la série dans certains témoignages assez chétifs d'ailleurs, depuis les pâles croquis tracés en 1804 par un élève de David, Bergeret, jusqu'à une Sainte Famillelithographiée en 1809 par Denon. Bien plus, dès l'année 1802, des essais de dessin sur pierre avaient été faits par M. André, et un brevet avait été pris par lui pour s'assurer la propriété légale du procédé. La demande de ce brevet, soit dit en passant, et les dessins dont elle était accompagnée accusent-ils simplement de la part du signataire l'intention de mettre à profit, tant bien que mal, les procédés inventés par Senefelder, ou bien faut-il y voir l'indice d'un fait indépendant des progrès qui s'accomplissaient ou qui allaient s'accomplir en Allemagne? De ces deux suppositions, la seconde peut-être ne serait pas inadmissible, puisque les premiers résultats publics des essais de Senefelder à Munich sont à peine antérieurs à cette même année 1802. De pareilles coïncidences au reste, pour peu qu'on y regarde de près, se produisent assez souvent dans l'histoire des grandes découvertes industrielles ou scientifiques. L'invention de la peinture à l'huile, celle de la gravure ou celle de l'imprimerie, et de nos jours l'invention des procédés héliographiques, n'ont pas été le résultat de suggestions toutes spontanées, d'inspirations absolument personnelles à Van Eyck, à Finiguerra, à Gutenberg et à Daguerre. Ces noms célèbres consacrent et personnifient à bon droit les succès définitifs, ils marquent chacun la conclusion d'une période de tâtonnemens et d'aventures ; mais d'autres noms plus obscurs pourraient être rattachés à ceux-là, et représenter dans l'ensemble des faits le souvenir de quelque conquête partielle, de quelque effort préalable. On dirait en effet que, par une sorte de concert secret et sous la mystérieuse influence d'un besoin commun, les intelligences s'accordent à un moment donné pour être travaillées des mêmes ambitions, préoccupées des mêmes problèmes; on dirait que, l'heure venue, telle question se pose de soi, ou que l'atmosphère porte et dissémine certaines semences inconnues qui germeront simultanément çà et là. Il ne serait donc pas impossible, en ce qui concerne les origines de la lithographie, que de notre temps quelque chose se fût renouvelé des faits qu'on rencontre à d'autres époques et dans L'histoire d'autres découvertes. Tandis qu'un pauvre musicien du théâtre royal de Munich réussissait à multiplier par l'impression les séries de notes qu'il avait tracées avec un crayon gras sur une pierre plus propre qu'une autre à en retenir l'empreinte, peut-être trouvait-il le dernier mot d'un secret qu'on avait cherché à deviner ailleurs en vue d'une application différente, peut-être ne faisait-il que compléter à son insu les recherches tentées par autrui et formuler en termes décisifs ce que de moins habiles avaient su seulement pressentir ou indiquer à demi. Le document que nous avons mentionné ne laisse pas d'autoriser le doute à ce sujet; il témoignerait au moins chez un de nos compatriotes d'un empressement singulier à s'informer du moyen nouveau et d'un louable désir d'en divulguer au plus tôt les bienfaits.

Quoi qu'il en soit, et les questions strictement chronologiques une fois réservées, la lithographie n'existe, à vrai dire, en France et n'y fait ses preuves qu'à partir du moment où les deux Vernet, Géricault, Charlet, entreprennent de l'approprier aux exigences de l'art et aux conditions particulières de leur talent. Encore quelques années s'écoulent-elles avant que ces premiers instigateurs du progrès aient achevé de répudier leurs propres incertitudes pour se fier pleinement à un procédé interrogé d'abord par les uns avec une prudence excessive, par les autres avec une sorte d'imprévoyance et de rudesse voisine de la brutalité. On sait que la lithographie ne permet ni les repentirs, ni les retouches, celles du moins qui auraient pour objet la transformation radicale des contours ou du modelé. Chaque trait, une fois indiqué sur la pierre, y reste et se reproduira sur le papier; chaque forme, défectueuse ou non, que le crayon aura figurée gardera sa signification première, son apparence indélébile. De là, sans doute, les caractères contraires, mais résultant au fond des mêmes inquiétudes, que présentent les œuvres où des artistes bientôt célèbres en étaient encore à expérimenter le moyen. De peur de commettre, dans la valeur relative des tons ou dans l'effet, quelque erreur matérielle qu'il ne pourra réparer, Horace Vernet, par exemple, se condamne à n'esquisser que de maigres silhouettes à peine renforcées d'ombres pâles; de peur de

9

traduire incomplètement les intentions énergiques qu'il lui aura fallu accuser du premier coup, Géricault en exagère l'expression jusqu'à la violence; sans prendre même le temps d'affiner son crayon, il trace d'une main emportée, il charbonne plutôt qu'il ne dessine quelque groupe à l'aspect emphatique comme leCuirassier aveugle guidé par un Grenadier manchot, ou comme ce Convoi de blessés dont la belle ordonnance pittoresque disparaît presque sous la grossièreté de la pratique et sous l'ostentation de la vigueur. Les deux maîtres toutefois ne tarderont pas à faire justice eux-mêmes des entraînemens ou des craintes qu'ils auront subis au début. La fougueuse inexpérience de celui-ci cessera de s'afficher pour ne laisser voir que les témoignages d'une verve que la science conseille, et qu'elle règle sans la régenter : sous le crayon de celui-là, la sécheresse et la timidité primitives aboutiront à une manière un peu grêle encore, mais où l'esprit, la grâce facile, la clarté des intentions et du style rachèteront ce qui pourra manquer du côté de la force ou de la grandeur.

L'esprit, la netteté dans le choix et dans la forme des expressions, ne sont-ce pas là en effet les qualités qui distinguent en général les œuvres d'Horace Vernet et particulièrement les lithographies qu'il a laissées? Serait-on fort bien venu d'ailleurs à regretter ici des qualités d'un autre ordre, et la nature des sujets traités ne justifie-t-elle pas de reste, n'excuse-t-elle pas tout au moins ces inspirations modestes, ces familiarités de l'exécution? Si, en dessinant des scènes militaires contemporaines, l'artiste eût prétendu en dégager la signification héroïque, si, à l'exemple de Géricault et de Charlet dans ses premières lithographies, il se fût proposé de consacrer les souvenirs de nos victoires ou de nos désastres, certes on aurait le droit d'être plus exigeant envers lui : on pourrait souhaiter à juste titre que son talent eût des allures moins lestes, des coutumes moins expressément spirituelles, pour tout dire enfin, une physionomie moins gaie; mais le plus souvent Vernet ne veut que nous raconter les anecdotes de la vie militaire, nullement en écrire l'épopée. Nos soldats, au moment où il nous les montre, ont quitté le champ de bataille pour la caserne ou la guinguette, les rudes labeurs pour le repos, quelquefois même pour les galanteries de rencontre ou les ruses de la maraude. Quoi de plus naturel dès lors, quoi de plus opportun dans la représentation de scènes semblables, qu'un art léger et de bonne humeur? Le difficile seulement pour l'artiste sera de savoir s'arrêter à temps, de ne pas trop insister sur le sens et sur l'apparence comiques des choses, de laisser percer la pointe d'ironie qui convient, en se gardant, aussi bien dans les intentions que dans les formes, de l'excès et de la caricature. Ces petites pièces, connues de tout le monde, qui reproduisent tantôt les premières aventures et les délassemens ingénus du conscrit, tantôt les mœurs du soldat rompu de longue main aux bons tours de garnison comme aux exigences du service, ces gentils croquis tracés d'un crayon si rapide, si finement expressif pourtant et si net, prouvent assez qu'Horace

Vernet excelle, en pareil cas, à observer la mesure entre l'insuffisance et l'abus.

Mince talent, dira-t-on, que celui qui, se dépensant ainsi en menus propos, n'a d'autre fin que de nous intéresser un moment à des souvenirs de corps de garde ou à des épisodes de chasse, à l'image plus ou moins vraisemblable d'un fait frivole, d'un accident, d'un ridicule. Soit; n'est-ce rien toutefois, pour parler avec Molière, que de faire rire les honnêtes gens, et dans cette étrange entreprise en compte-t-on beaucoup qui aient réussi? Parmi ceux qui l'ont tentée en se servant de la langue pittoresque, Horace Vernet, par la date comme par l'agrément de ses ouvrages, mérite de figurer au premier rang. Il est, dans un ordre de travaux secondaires, un des représentans les mieux doués, les plus diserts, de cet art, avant tout ingénieux, où le crayon n'exprime guère, il est vrai, que ce qu'aurait pu exprimer aussi bien la parole écrite, où l'exactitude judicieuse de la narration prévaut sur l'imagination personnelle du narrateur, et la préoccupation ou l'instinct littéraire sur le sentiment pittoresque proprement dit : art tout français d'ailleurs, dont il ne faut pas faire trop généreusement bon marché, de peur de sacrifier en même temps une partie des titres qui appartiennent le plus sûrement à notre école et de répudier certains privilèges intellectuels qui, depuis la raison souveraine de Poussin jusqu'à l'alerte sagacité d'Horace Vernet, se succèdent chez nous sans se contredire, se continuent sous toutes les formes et s'accusent à tous les degrés.

Le genre de mérite qui caractérise les lithographies de Géricault lui-même n'est pas, malgré l'indépendance de la manière, un démenti à ces traditions du génie national. Sans doute on ne rencontrera plus ici les témoignages de cette facilité aimable, de cette élégance d'esprit d'où le talent d'Horace Vernet tire sa signification principale et son charme : vainement aussi l'on y chercherait l'empreinte des longs calculs, des combinaisons patiemment élaborées; mais le fonds de bon sens commun aux artistes de notre pays, et qu'on démêle à l'état d'instinct même sous les dehors les plus capricieux, se retrouve dans les inspirations et dans les œuvres de Géricault. Il n'est pas jusqu'aux premiers essais du maître, jusqu'à ces impétueux croquis dont nous accusions les exagérations il y a un instant, où l'on ne puisse surprendre parfois les indices d'une docilité involontaire aux aptitudes et aux coutumes de l'art français. Qu'on jette les yeux par exemple sur cet Artilleur qui, du haut d'un caisson ouvert et démonté où il s'est réfugié pour trouver la mort, menace une dernière fois l'ennemi, ou préférablement encore sur le Factionnaire suisse au Louvre; on sentira dans ces deux compositions une vraisemblance intime, une vie morale, dont la nouveauté du moyen matériel employé ne fait en réalité que rajeunir les termes, et qui, malgré les incorrections ou les témérités du style, révèle chez l'artiste une certaine conformité naturelle avec ses devanciers. Suit-il de là que nous prétendions mettre en question l'originalité du talent de Géricault et discuter de gaîté de cœur une des gloires les moins contestables de l'art moderne? Nous n'avons pas un aussi malencontreux dessein. Ce que nous voulons dire seulement, - et cela à l'honneur de ce talent autant qu'à l'honneur de notre école, - c'est que la physionomie qui le distingue, si personnelle qu'elle soit, reproduit quelque chose des caractères généraux de la race, et que dans la hardiesse même de ses aspirations, dans la libre fierté de ses progrès, il semble garder le souvenir du milieu où il est né, des exemples qui lui ont été légués et des traditions qui l'obligent. Un autre qu'un peintre français n'aurait pas mis en scène les naufragés de la Méduse avec cette application à faire ressortir surtout le sens dramatique et la moralité du sujet. Seul aussi, un Français pouvait, en crayonnant des groupes de soldats, d'hommes du peuple, ou simplement de chevaux, donner au tout un intérêt indépendant de la représentation absolument pittoresque, et trouver, sans fausse recherche, sans niaise sensiblerie, le secret de nous attendrir presque sur le sort de trois Chevaux conduits à l'abattoir ou sur celui d'un Cheval mortau milieu d'une campagne déserte, et déjà convoité par les corbeaux.

Fallût-il d'ailleurs, dans l'examen des lithographies de Géricault, - j'entends celles qu'il fît après les deux ou trois années d'apprentissage, - n'envisager que les côtés extérieurs du travail et les mérites de l'exécution, l'attention,, en se concentrant sur ce point, trouverait là un champ vaste encore et de très précieux enseignemens. Où rencontrera-t-on notamment des leçons plus sûres, des exemples plus précis de l'art de dessiner les chevaux, d'en reproduire avec une savante véracité les types et les mouvemens variés, la beauté élégante ou robuste, la docilité ou les colères? L'excellence du talent de Géricault en ce genre est trop bien et trop universellement reconnue pour qu'il ne suffise pas d'y faire allusion en deux mots, et de rappeler, sauf à n'en citer que le titre, les célèbres Suites publiées à Londres et à Paris. Peut-être serait-il moins superflu de louer dans ces beaux ouvrages le discernement avec lequel les conditions particulières du procédé sont appréciées et mises en pratique. Les Suites de Chevaux en effet ne révèlent pas seulement chez celui qui les a faites l'étude et la connaissance profondes de ses modèles, une habileté rare à ennoblir le vrai, à le revêtir d'une majesté épique, sans pour cela le déguiser : elles attestent aussi, à un point de vue tout technique, les intentions les plus judicieuses, l'intelligence la plus exacte de la tâche qu'il s'agissait d'accomplir. Le crayon lithographique n'est, entre les doigts de Géricault, ni un rival malavisé du burin, ni un improvisateur prolixe, ni un interprète de la pensée pittoresque plus réservé que de raison; c'est un instrument ayant son office spécial, son champ d'action bien défini, mais qui, sans dépasser aucune limite, sans rien usurper sur autrui, n'en veut et n'en sait pas moins atteindre les confins du domaine où il s'exerce, et user de ses droits jusqu'au bout. La plupart des lithographies de Géricault ont en ce sens une valeur très considérable, parce que l'accent de la verve et les caractères spontanés d'un croquis y laissent néanmoins pressentir l'information scrupuleuse, la science, tous les élémens d'une imitation achevée. Parmi les œuvres de même espèce, appartenant à notre école, les premières lithographies de Charlet seraient les seules peut-être qu'on pût impunément rapprocher de celles-ci et comparer sans désavantage à ces modèles de sobriété et de puissance, d'abondance dans les inspirations et de juste mesure dans l'emploi du moyen.

Les premières lithographies de Charlet, avons-nous dit : est-ce donc qu'il faille tenir en estime médiocre les autres travaux du maître? Est-ce que l'admiration due aux énergiques images que traçait son crayon au début nous laissera pour cela indifférens ou insensibles à la véracité délicate, à la verve railleuse, à toutes ces qualités charmantes dont il a pendant tant d'années épuré de plus en plus l'expression et multiplié à l'infini les témoignages? Autant vaudrait, dans un ordre d'art tout différent, supprimer la moitié des œuvres de Moreau, de Saint-Aubin ou de tel autre fécond dessinateur du XVIIIe siècle, et parmi les pièces, si variées que nous a léguées chacun d'eux, n'avoir d'yeux que pour celles qui appartiennent à une certaine classe de sujets, à un genre de talent une fois déterminé. Comme il arrive d'ordinaire aux artistes éminens, Charlet a eu plusieurs manières. Sans renouveler absolument le fond et les principes de ses inspirations, il s'est appliqué du moins à en diversifier les résultats. Tout en demeurant jusqu'à la fin l'historien éloquent de notre armée, il en a retrace tour à tour les hauts faits et les mœurs familières dans un style et suivant des procédés d'exécution conformes soit aux caractères propres des scènes, soit aux exigences successives de son esprit en quête du mieux. Voilà ce qui explique, en en limitant d'ailleurs les conséquences, la distinction que nous avons voulu établir. On peut, dans le riche ensemble des lithographies qu'a signées Charlet, faire son choix, et un choix légitime; on peut préférer, - et nous préférons, quant à nous, - aux œuvres si spirituelles de la seconde époque les œuvres moins piquantes assurément, mais plus vigoureusement originales, qui attirèrent sur ce talent les premiers regards de la foule, et sur ce nom, bientôt populaire, les commencemens de la célébrité. Il serait très injuste toutefois que ces prédilections pour quelques morceaux d'élite aboutissent au dédain pour le reste, et ces sympathies pour le poète héroïque à des rigueurs envers l'auteur de tant de fines comédies. A quoi bon insister au surplus ? L'éloge de Charlet n'est plus à faire, surtout depuis qu'un juge deux fois autorisé en pareille matière s'est acquitté de cette tâche avec tout l'indépendance d'esprit qu'exige la critique et la haute compétence que donne une longue expérience personnelle de l'art et du succès [2]. Nous n'avons, quant à nous, qu'à essayer de glaner le peu qui a été laissé, et, sans revenir sur une question générale désormais épuisée, à proposer quelques observations partielles, à recueillir quelques détails.

Lorsqu'en parcourant d'après l'ordre chronologique les onze cents lithographies de Charlet, le regard s'arrête aujourd'hui sur celles qui ouvrent la série, ne lui arrive-t-il pas, au premier aspect, d'être un peu déconcerté par l'extrême simplicité de l'exécution et en même temps trop bien prémuni contre l'effet pathétique des intentions et de la scène ? D'une part, le contraste entre cette apparente aridité dans le faire et les progrès matériels qui ont suivi nous porte peut-être à méconnaître ce que de pareils essais ont en eux-mêmes de hardiesse et d'autorité véritable ; de d'autre, une longue habitude, des souvenirs continuellement entretenus rendent ici au moins difficile la candeur et la vivacité des émotions. Le Drapeau défendu, l'Aumône, les Français après la victoire, vingt autres compositions du même genre, si bien connues de notre enfance, et que depuis lors nous n'avons cessé de voir reproduites, par tous les procédés, dans toutes les dimensions, sous toutes, les formes, - de telles scènes, quelle qu'en soit au fond l'éloquence, ne laissent pas de nous toucher assez peu. Il en va de ces lithographies devenues classiques, commode certains tableaux dont la beauté nous échappe à force d'avoir été recommandée à nos yeux, comme de ces figures des Horaces ou desSabines, que nous n'entrevoyons plus qu'à travers nos souvenirs de collège et le ressentiment des fatigues qu'elles nous ont coûtées. Le talent de David est-il pour cela moins sain en soi, moins bien pourvu? et parce que chacun de nous s'est vu condamné autrefois à copier péniblement, à recopier d'année en année la tête du vieil Horace ou celle de Romulus, s'ensuit-il que les peintures originales aient perdu quelque chose de leur dignité propre et de leur mérite? Parce que les premières lithographies de Charlet, pourrait-on dire aussi, ont servi de modèles aux fabricans de de-vans de cheminée et de papiers peints, faudra-t-il imputer au texte les vices ou les banalités de la traduction, ou, en face de ces modèles mêmes, n'apporter qu'une sorte de satiété systématique, des regards distraits d'avance et comme la volonté de ne pas voir? On relit, pour les goûter mieux et de plus près, des vers que l'on sait par cœur; on écoute avec une attention fertile en découvertes, telle composition musicale entendue cent fois déjà : le talent de Charlet a des ressources et une portée assez vastes pour qu'on puisse, en ce qui le concerne, tenter utilement une expérience analogue, et certes il mériterait d'y être soumis.

Aussi bien, parmi ces pièces appartenant à la première manière du maître, tout n'offre pas les mêmes caractères de consécration, le même intérêt prévu, la même apparence surannée. Si, en raison des sujets choisis et des souvenirs patriotiques qu'i s'y rattachent, beaucoup d'entre elles ont acquis dès l'origine une immense popularité, nombre d'autres, et des plus belles, sont demeurées à peu près ignorées de la foule, parce que, au lieu de représenter quelque grand drame de notre histoire militaire, elles nous en montrent simplement les acteurs hors des rangs et au repos. Et cependant nulle part mieux qu'ici Charlet n'a prouvé la vigueur de son sentiment, la pénétrante justesse de son coup d'œil, la singulière habileté de sa main. Plus d'une fois, en célébrant l'intrépidité de nos soldats à l'heure de la lutte ou leur héroïque fierté dans les revers, il lui est arrivé de donner au panégyrique des dehors un peu trop véhémens une grandeur un peu théâtrale. Pour ne citer que cet exemple, dont le théâtre d'ailleurs n'a pas manqué de faire son profit, une des lithographies qui ont le plus profondément ému nos pères, la lithographie intitulée les Grenadiers de Waterloo, nous apparaît aujourd'hui comme un ensemble de groupes répartis sur la scène au moment de la chute du rideau y comme une sorte de tableau final. Là au contraire où Charlet se propose seulement de résumer dans un type, dans l'imitation sincère d'un mouvement ou d'une attitude, la physionomie générale et les mâles coutumes de notre armée, il trouve, pour traduire sa pensée, un style aussi éloigné de l'emphase que de la sécheresse. Veut-on des preuves, et des preuves irrécusables, qu'on examine ces deux figures dessinées en 1822 et représentant, dans d'assez grandes dimensions, l'une un Voltigeur, l'autre un Carabinier de l'infanterie légère : Géricault n'aurait pas exprimé en des termes plus saisissans l'énergie de l'âme et la force physique; Horace Vernet n'aurait pas surpris avec plus de clairvoyance, ni rendu avec plus de finesse certaines habitudes héroï-comiques, certaines allures à la fois gauches et martiales de ces deux corps faits pour l'action, et qui s'en souviennent jusque dans le calme. En tout cas, ni Vernet, ni Géricault, ne se seraient trouvés en mesure d'établir une harmonie aussi complète entre des élémens qui semblent s'exclure, de mélanger aussi bien l'arrière-pensée spirituelle et l'intention grandiose, l'ampleur dans le sentiment de l'ensemble et l'extrême délicatesse dans l'exécution des détails. Vérité du geste, imitation achevée de la forme, expression sans équivoque d'habitudes naturelles ou acquises, tout se concilie ici et se retrouve dans les différentes parties de l'œuvre, comme dans la figure de Carabinier qui sert de pendant à celle-ci : figures réellement admirables l'une et l'autre, qu'il ne convient pas seulement de mettre au nombre des meilleurs ouvrages de Charlet, mais qu'il faut compter aussi parmi les spécimens les plus importans de la lithographie, parmi les témoignages les plus propres à nous renseigner sur cet art spécial et sur l'étendue des moyens pittoresques dont il lui appartient de disposer.

Les lithographies successivement publiées par Charlet à partir de l'époque où il eut commencé de modifier sa manière et d'ajouter de nouveaux titres à ceux qu'il avait conquis ou qu'il allait continuer d'acquérir comme dessinateur de sujets militaires, ces nombreuses scènes empruntées aux écoles d'enfans ou aux échoppes aux mœurs des barrières ou aux événemens de la vie, - toutes ces pièces si neuves dans les intentions et dans les formes achèveraient de prouver, s'il en était besoin, ce qu'il y a dans le talent de l'artiste de naturellement inspiré, de foncièrement original. Au point de vue de l'exécution proprement dite, elles attestent aussi une profonde expérience de l'art, et, - dût le mot paraître un peu solennel, - une science de plus en plus sûre. Seulement, au lieu de se révéler, comme dans les œuvres précédentes, sous des dehors avant tout énergiques, cette science choisira dorénavant pour se produire des moyens d'expression délicats, raffinés même parfois jusqu'à la subtilité. Je m'explique : en aucun cas assurément, on ne saurait accuser le crayon de Charlet de timidité ou d'afféterie. Il excelle au contraire à s'assimiler bravement le fait, à le définir, sans incertitude comme sans préjugé d'aucune sorte sur le sens que ce fait recèle; mais en insistant un peu trop sur la définition, en travaillant avec quelque excès de soin à en aiguiser les termes, il ne laisse pas d'afficher parfois la sagacité, ou tout au moins d'en compliquer les résultats d'une certaine apparence de recherche. Pourtant, à côté d'imperfections assez rares après tout, et résultant chez l'artiste du désir même du mieux [3], que de témoignages ne faudrait-il pas relever où l'on ne rencontrera dans l'expression que de la justesse et de la franchise, dans le dessin qu'une exactitude sans abus, dans les formes du style qu'une délicatesse sans minutie ! Encore une fois, louer la verve et l'imagination de Charlet, ce serait s'imposer la plus inutile des tâches et perdre son temps à découvrir ce qui, depuis plus de quarante ans, frappe les yeux de tout le monde. Nous aurons assez fait si nous réussissons à relever d'autres mérites peut-être moins généralement reconnus, et à indiquer sur quelques points, si l'on veut secondaires, les innovations que ce talent a introduites dans notre école et les bons exemples qu'il a donnés.

Ainsi, parmi les qualités qui caractérisent la manière et les travaux de Charlet, ne faut-il pas apprécier particulièrement l'intelligence avec laquelle le paysage est traité dans ces ouvrages et l'habileté de l'artiste à se conformer, en pareil cas, aux exemples de la nature aussi bien qu'aux strictes conditions du procédé lithographique? Nulle prétention à l'extrême intensité du ton, à la complication des plans et des lignes, à toute cette opulence d'emprunt que la lithographie devait étaler plus tard, et dont elle fait montre surtout aujourd'hui; rien non plus de ce sentiment exigu, de cette avarice dans le faire qui réduisent presque à l'apparence de dessins au trait les paysages lithographies par Bourgeois, par Bacler d'Albe et par quelques autres contemporains de Charlet. Dans la plupart des œuvres de celui-ci le paysage, il est vrai, n'est qu'un complément plus ou moins orné, une, sorte de cadre pour les figures auxquelles il donne un surcroît de relief et dont il assure la prédominance; mais souvent aussi le paysage a dans la composition une importance principale, témoin, entre autres, cette pièce charmante intitulée le Voilà, où quelques paysans, groupés au premier plan et hauts à peine d'un centimètre, suivent de leurs regards avides le passage d'autres personnages plus microscopiques encore et traversant, Napoléon en tête, une vaste plaine qui demain peut-être sera devenue un champ de bataille. Ailleurs ce sont des lisières de bois, le long desquelles se glisse quelque garde-chasse ou quelque rôdeur de mauvaise mine, des défilés dans les montagnes où serpente une troupe en marche, des campagnes à perte de vue où manœuvrent des corps d'armée. Tout cela, - terrains, arbres, rochers, - est indiqué avec une telle légèreté de crayon, avec une grâce si facile, qu'il semble qu'une imitation, plus littérale n'ajouterait rien ici à la vraisemblance des choses, et qu'elle ne ferait guère qu'en appesantir les formes, au détriment de l'unité. Sans doute, parmi les paysagistes de profession qui de nos jours travaillent avec tant de succès à transporter sur la toile la nature inanimée, plusieurs ont étudié plus obstinément leur modèle et en ont plus savamment reproduit les traits partiels. Ont-ils toujours réussi mieux que Charlet à en faire pressentir l'esprit, à en déterminer la physionomie générale ? Dans tous les cas, quel rival trouverait-on à opposer au maître parmi ceux qui se sont servis du crayon lithographique. Si remarquables en ce genre que soient certains travaux de Bonington; et de Decamps, ils diffèrent trop par le caractère des paysages de Charlet, pour ne pas laisser à ceux-ci leur valeur tout entière, sans compter d'ailleurs le mérite de la priorité.

N'est-ce pas aussi à Charlet que revient l'honneur d'avoir osé le premier choisir des sujets dont les enfans sont les seuls héros, et d'avoir su nous intéresser à des scènes aussi humbles en elles-mêmes. On n'objectera pas, je suppose, ces guirlandes de petits amours ou de génies que Boucher et ses pareils avaient coutume, au XVIIIe siècle, d'enrouler autour d'un plafond ou sur le champ d'un dessus de porte, ni même les figures enfantines, nullement mythologiques d'ailleurs auxquelles Greuze et surtout Chardin ont donné un rôle charmant, mais accessoire, dans plusieurs de leurs tableaux. Sous le crayon de Charlet, les enfans ont plus que ce rôle épisodique, mieux qu'un intérêt de surface ou qu'une grâce de convention. Soit que le dessinateur les représente au moment des jeux ou aux heures si lentes de la classe, soit qu'il retrace leurs élans d'indocilité ou leurs ruses, leurs amitiés ou leurs querelles, partout l'expression est aussi complète que la donnée même est piquante. Quelque chose d'imprévu et de profondément vrai tout ensemble, un mélange d'invention spirituelle et d'observation ingénue, voilà ce qui donne un charme exquis à ces petites scènes où la naïveté courait le risque d'aboutir si facilement à la niaiserie, l'humilité des éléments à l'indigence de l'aspect, et que, peut-être à cause de cela même, aucun artiste n'avait abordées. Et cependant, à en juger sur les résultats de la tentative, quelles ressources n'offraient pas d'aussi modestes données au point de vue du fait pittoresque et des souvenirs ou des idées qu'il implique ? N'eût-il laissé que cette série de scènes enfantines, Charlet n'en demeurerait pas moins un des artistes les plus ingénieux, un des mieux doués de notre temps ; mais lorsqu'on voit la même force de talent, la même sève circuler dans les autres parties de son œuvre et les vivifier une à une, lorsqu'on se rappelle tout ce que cet esprit a démêlé, tout ce que cette main a su définir, il faut saluer dans Charlet un véritable initiateur, le maître-lithographe par excellence, ou plutôt l'inventeur même de la lithographie, car il en est des inventions en matière d'art comme de toutes les découvertes, à quelque objet qu'elles s'appliquent. Une vérité, on l'a dit avec raison, appartient bien moins à celui qui la trouve qu'à celui qui la prouve. Charlet, à ce titre, est un possesseur légitime, et l'ensemble des ouvrages qu'il a produit la plus claire des démonstrations.

Les premiers efforts de Charlet pour naturaliser la lithographie en France ceux que tentaient en même temps que lui Vernet et Géricault, avaient trouvé d'ailleurs l'opinion bien préparée et, à part la question de talent personnel, les encouragemens et le succès faciles. On sait le mouvement qui s'accomplissait dans les esprits vers le commencement de la restauration et les inclinations, franchement libérales chez les uns, mélangées de quelques arrière-pensées chez les autres, en vertu desquelles certaines innovations étaient avidement accueillies et se répandaient avec une rapidité singulière. La lithographie ne pouvait manquer d'attirer sur elle quelque chose de cette attention universelle à interroger les signes du temps, quelques effets de ce zèle que suscitaient à tort ou à raison la moindre promesse, la moindre apparence de progrès. Aussi, même en dehors des artistes, recrûta-t-elle tout d'abord bon nombre de partisans. Plusieurs, il est vrai, se contentaient d'applaudir à la découverte et d'en célébrer hautement les bienfaits, sauf à circonscrire leur enthousiasme dans les limites de la théorie; mais d'autres, au premier rang desquels il n'est que juste de citer M. de Lasteyrie, n'hésitaient pas, pour favoriser l'essor de l'art nouveau, à joindre la pratique et les exemples aux préceptes, à user de leurs propres talens aussi activement que de leur crédit, à hasarder même une partie de leur fortune dans des publications dispendieuses ou dans l'établissement d'une imprimerie. Ajoutons que parmi ceux qui travaillaient alors à populariser la lithographie en France, comme parmi ceux qui en accueillaient avec le plus d'empressement les produits, tous n'étaient pas exclusivement préoccupés de l'art et de ses intérêts. Pour beaucoup d'entre eux même, l'art semblait ici bien moins en cause que le patriotisme, dont les fiertés ouïes rancunes devaient trouver un aliment quotidien dans les œuvres de la lithographie.

Quel meilleur moyen en effet que celui-là d'entretenir au jour le jour les glorieux souvenirs ou les regrets ardens de la foule? Quelle manière plus sûre d'écrire, à l'usage de tous, l'histoire des grands événement qui venaient de s'accomplir ou la satire des faits qui se produisaient dans le nouvel ordre politique? La gravure, avec ses procédés lents et coûteux, n'eût pu tenter une pareille entreprise, et d'ailleurs le caractère un peu solennel des moyens dont elle dispose lui interdisait de viser à l'expression railleuse et à l'épigramme, sous peine de se contredire elle-même. C'est ce qu'elle a pourtant essayé de faire quelquefois, mais avec un insuccès qui s'explique, de reste. Rien de moins piquant qu'une caricature tracée avec le burin, rien de plus déplaisant que ce désaccord entre un mode d'exécution inflexible et la souplesse présumée des intentions, entre ces formules laborieuses et la légèreté des pensées qu'elles traduisent. Là où il s'agissait de se faire entendre à demi-mot, de résumer en quelques traits une fantaisie comique, on n'aura réussi qu'à l'affubler de précision pour ainsi dire et à immobiliser le sarcasme sous des apparences rigides. Avec le procédé lithographique, point de ces contre-sens ni de ces méprises. La rapidité même et la facilité du travail laissent ici à l'intention satirique le caractère d'improvisation qui convient ; la verve, au lieu de venir se heurter contre les difficultés et les lenteurs d'une pratique sans merci, trouve pour s'épancher une voie où tout l'invite, où nul obstacle matériel ne se rencontrera pour la détourner du but, pour la décourager par quelque retard.

On conçoit donc l'empressement des artistes à essayer de cette voie nouvelle et, les passions politiques aidant, l'immense succès qu'obtinrent au temps de la restauration les lithographies où les crayons d'Horace Vernet et de Charlet dénonçaient, souvent avec plus d'entrain que de justice, les habitudes surannées où les secrètes ambitions des survivans de l'ancien régime. Il y avait là, dans ces épigrammes dessinées sur les Voltigeurs de Coblentz, en regard des héroïdes tracées par les mêmes mains en l'honneur des Soldats laboureurs ou des proscrits du Champ d'asile, un commentaire et comme un renouvellement sous une forme plus populaire encore, des Chansons de Béranger et des Pamphlets de Paul-Louis Courier. La route une fois ouverte, on s'y précipita, sauf à la côtoyer un peu plus tard et à se frayer quelque sentier en dehors du terrain politique. Tandis que M. Bellangé et plusieurs autres se contentaient de suivre de point en point les exemples de Charlet et d'insister, après le maître, sur les grands souvenirs de l'époque impériale ou sur l'image plus ou moins partiale des infortunes de l'heure présente, MM. Pigal, Henri Monnier, Eugène Lami, cherchaient et trouvaient dans la lithographie un moyen de publicité et de succès pour des scènes de mœurs au-dessous de la dignité du pinceau ou du burin, mais bien en rapport, par leur agrément même, avec les conditions du nouveau procédé. Enfin, au bout de quelques années, un talent doué au fond d'une rare pénétration bien qu'un peu dépourvu dans les formes d'aisance et de vivacité, Grandville, traçait sur la pierre cette série d'apologues tirés mi-partie de la vie des animaux mi-partie de la vie humaine, où sous le titre de Métamorphoses du jour, il raille si finement nos travers et châtie si résolument nos vices : œuvre étrange, mélangée de compassion, et d'amertume, d'enjouement voulu en quelque sorte et de très sincère mélancolie, mais en réalité œuvre remarquable, plus considérable même, sous ses humbles dehors, que tel grand tableau un moment célèbre, et destinée, nous le croyons, à survivre longtemps à l'époque qui l'a inspirée.

Cependant, aux yeux de quelques artistes habitués à traiter de tout autres sujets, la lithographie ne devait pas avoir et n'avait pas pour objet unique la représentation des scènes militaires ou une allusion satirique aux faits et aux mœurs du moment. Pourquoi ne serait-elle pas appelée à populariser des scènes ou des idées plus voisines du beau? Pourquoi les peintres d'histoire n'interviendraient-ils pas à leur tour et ne mettraient-ils pas à profit le moyen qui leur était offert de multiplier l'expression de leur pensée sans recourir au talent d'autrui? L'épreuve les tentait d'autant mieux que ce moyen semblait plus simple. Jusque-là les seules ressources dont ils pussent disposer, en dehors des interprétations confiées aux graveurs de profession, consistaient dans les procédés de la gravure à l'eau-forte, procédés admirables sous une main expérimentée, mais d'un emploi relativement difficile, et exigeant dans la pratique une certaine science préalable, une certaine habitude technique. La lithographie n'imposait aux peintres rien de semblable. Ils pouvaient maintenant, sans apprentissage spécial, sans autre, expérience que l'expérience même de leur art, faire acte de graveurs, pour ainsi dire, et tracer sur la pierre, presque aussi aisément qu'ils l'eussent crayonné sur le papier, un dessin dont l'impression se chargerait ensuite de multiplier à l'infini les exemplaires.

Beaucoup d'anciens élèves de David, et des plus éminens, n'eurent garde de méconnaître de pareils avantages. Les uns, il est vrai, comme M. Ingres, s'en tinrent à cinq ou six tentatives diversement importantes, quelquefois même, comme Gros, à un nombre d'essais plus restreint encore; mais d'autres, et Girodet fut un de ceux-là, y mirent plus de persévérance et de zèle, soit qu'ils fissent paraître sous leur propre nom des œuvres originales, soit qu'ils aidassent de leur crayon le travail d'un interprète. C'est ainsi qu'après avoir lithographié plusieurs sujets mythologiques, et plusieurs portraits, le peintre d'Ossian et d'Atala participait activement à la reproduction entreprise, par son élève Aubry-Lecomte, des figures qu'il avait groupées dans ces deux tableaux. Vingt grandes pièces, dues à cette collaboration, venaient signaler dans la lithographie des ressources nouvelles, sans empiéter pour cela sur le domaine de la gravure, sans rien contrefaire de ses procédés : limité nécessaire, mais en pareil cas difficile à observer, réserve délicate dont Aubry-Lecomte, conseillé de près par Girodet, avait su ne pas se départir, et que, vers la même époque, M. Sudre devait garder avec plus de certitude encore dans l'exécution de sa belle lithographie l'Odalisque, d'après le tableau de M. Ingres. Enfin, à l'exemple des chefs de l'école, des peintres moins avancés dans la carrière, M. Léon Cogniet entre autres, des talens à peine consacrés par le succès, demandaient à la lithographie de se faire l'auxiliaire de leur réputation naissante.

Survint, pour parler le langage du temps, la révolution romantique, et avec elle un surcroît de crédit attribué à la lithographie par les artistes de la nouvelle école. Rien de plus naturel au surplus. Les innovations introduites à cette époque n'étaient pas de celles dont la gravure s'accommode. Le moyen de rendre avec le burin ces teintes opulentes, sous lesquelles les contours se dérobent, ce modelé souvent incertain, ces corps de toute espèce brillamment coloriés, mais plutôt touchés que construits et parfois chiffonnés jusqu'à la confusion des lignes ? Nous n'avons pas à apprécier ici, en tant que réforme pittoresque, les mérites très incontestables d'ailleurs ou les côtés défectueux de l'entreprise que l'on tenait, il y a près de quarante ans ; nous n'essayons pas de la juger au point de vue des ruines ou des conquêtes qu'elle a faites, des progrès qu'elle a déterminés ou compromis. Ce que nous voulons dire simplement, c'est qu'elle ne devait attendre, pour confirmer ses succès, aucun secours de la gravure, et que là où la pointe d'un Rembrandt eût réussi à peine, le burin des élèves de Bervic ou de Desnoyers ne pouvait, à plus forte raison, s'essayer. Il fallait donc que les chefs du mouvement ne comptassent en ceci que sur eux-mêmes. Aussi n'hésitèrent-ils pas à se mettre à l'œuvre. Le plus éminent d'entre eux, Eugène Delacroix, avait plus d'une fois déjà quitté le pinceau pour le crayon à l'époque où il entreprenait, d'après le Faust de Goethe, cette suite de lithographies qui devait être, dans le domaine de l'art, une sorte de pendant à la préface de Cromwell, un manifeste à l'adresse de la foule, des croyances et des ambitions de la nouvelle école.

Lorsque aujourd'hui, - à la distance où nous sommes de ces luttes ardentes, mais généreuses après tout de part et d'autre, et très préférables à l'extrême quiétude intellectuelle où nous vivons, - on examine le recueil publié par Delacroix au plus fort de la querelle, il semble qu'il ait perdu beaucoup de l'autorité qu'on lui attribuait alors. Le regard s'étonne peut-être de ces violences dans la pratique, de ces audaces dans le dessin, plutôt qu'il ne devine ce que le tout pouvait avoir d'excusable, d'opportun même, à un moment donné. Nous craignons d'autant moins d'exprimer nos doutes à ce sujet que le maître lui-même a paru vouloir modifier plus tard et, jusqu'à un certain point, désavouer les formules excessives dont il s'était servi d'abord pour traduire sa pensée ou pour plaider sa cause. En lithographiant, quelques années après la publication de son Faust, une seconde série de scènes empruntées cette fois au théâtre de Shakspeare, Delacroix usait de son talent avec une tout autre prudence, avec une volonté beaucoup plus ferme de ne sacrifier aux hasards de la verve ni l'expression vraisemblable des choses, ni les justes exigences du procédé. La scène, entre autres, qui représente Hamlet, en face du spectre de son père errant le long des murailles de la ville, n'est pas seulement remarquable par le caractère imprévu de la composition et par l'énergie pathétique du sentiment qui l'a inspirée ; il y a là aussi un emploi très simple du moyen, un très bon exemple de cette modération dans le faire, dans l'indication de l'effet et du ton, qui est l'élément même, la condition nécessaire de la lithographie, tandis que le burin a pour tâche au contraire de préciser jusqu'aux moindres apparences et de tout expliquer jusqu'au bout.

Plusieurs autres pièces, notamment une jolie vignette intitulée la Fuite du Contrebandier, achèveraient de caractériser la manière de Delacroix à son meilleur moment, et mériteraient au moins d'être citées, si deux de ces pièces, d'une importance à tous égards exceptionnelle, ne suffisaient pour faire pressentir la signification du reste, et n'en résumaient hautement les qualités. Nulle part, à notre avis, le crayon de Delacroix n'a mieux prouvé sa certitude et sa souplesse, nulle part il n'a plus exactement approprié les formes de l'exécution au sujet que dans ces deux grandes lithographies représentant l'une un Lion de l'Atlas au fond d'une caverne formée par des rochers, l'autre un Tigre royal couché dans un pli de terrain au-delà duquel on aperçoit les lignes sinistres du désert. Tout est en proportion ici, tout es d'accord, - le sombre aspect du paysage et la majesté farouche des hôtes qui s'y sont installés, le ton riche sans faste du pelage et le dessin facile sans négligence des muscles et des os, la vigueur en un mot des intentions générales et l'expression savante des détails. Quelle que soit d'ailleurs la différence entre la nature des inspirations, des talens, des manières propres à chacun des trois maîtres, c'est à côté des plus belles lithographies de Charlet et de Géricault que celles-ci méritent d'être placées. Il n'y aura que justice à les comparer, sans distinction d'école ni de drapeau, parmi les meilleurs ouvrages que le crayon ait produits dans notre pays depuis l'époque où la lithographie y a été importée. Que sera-ce si l'on ne prend pour terme de comparaison que les œuvres appartenant à l'école dont Delacroix était le chef? Malgré l'ardeur de leur zèle et leur extrême fécondité, la plupart de ceux qui, à l'exemple du maître, travaillaient à commenter sur la pierre la nouvelle doctrine, à en propager les formules et l'esprit, - presque tous ces disciples d'un art qu'ils croyaient si bien promis à la vie n'ont laissé que des témoignages à peu prés oubliés aujourd'hui, ou qu'on ne revoit plus qu'avec ce triste sourire qui accueille les modes en retard et les audaces surannées.

N'est-ce pas toutefois à ce groupe quelque peu turbulent des anciens romantiques que se rattachent par certains côtés deux talens plus calmes en apparence auxquels la lithographie est redevable de progrès notables dans des genres différens, progrès dont on aurait sans doute à tenir un compte plus sérieux encore, si l'un des deux artistes qui les ont déterminés n'eût succombé avant les dernières années de la jeunesse, si l'autre, après avoir brillamment conquis et nettement marqué sa place, n'eût été condamné, pendant une grande partie de sa vie, à se consumer dans des travaux au-dessous de lui, et à dépenser en menue monnaie une somme de qualités considérable? Nous voulons parler de Bonington et d'Achille Devéria.

Bonington, que son origine anglaise ne saurait exclure du nombre des peintres dont les noms appartiennent à l'histoire de la lithographie en France, puisque c'est dans notre pays qu'il est venu s'instruire et qu'il a ensuite fait ses preuves, Bonington est le représentant le plus remarquable d'un genre bien souvent exploité de son vivant ou après lui, - la reproduction par le crayon des monumens de l'architecture au moyen âge. Dès le début au reste, une occasion précieuse a était offerte au jeune artiste de révéler à cet égard ses aptitudes. Au moment à peu près où il achevait son apprentissage dans l'atelier de Gros, c'est-à-dire vers 1823, les premières livraisons des Voyages pittoresques et romantiques dans l'ancienne France venaient de paraître, et le temps était loin encore où cette grande publication, si heureusement commencée, si profitable d'abord aux progrès de la lithographie, deviendrait ce que nous la voyons aujourd'hui, une interminable sérié de pièces dessinées vaille que vaille, entremêlées même d'épreuves photographiques, et n'intéressant plus l'art, à vrai dire, que par les caractères inhérens aux modèles choisis. Enrôlé de bonne heure parmi les dessinateurs qui devaient reproduire les vieux édifices de la Normandie et de la Franche-Comté, Bonington contribua plus qu'aucun de ses collaborateurs au succès qu'obtint dès l'origine et que mérite encore la partie de l'ouvrage consacré à ces deux provinces. Les lithographies où il a représenté la Rue du Gros Horloge à Rouen, l'Eglise de Saint-Gervais et de Saint-Protais à Gisors, les églises de Brou et de Tournus, d'autres monumens encore : non pas qu'on y reconnaisse, comme dans uneélévation qu'aurait tracée un architecte, l'étude patiente de chaque forme, l'imitation achevée de chaque détail, mais parce qu'on y sent le goût et la main d'un peintre habile à saisir et à rendre la physionomie générale de son modèle, à la présenter sous son meilleur jour, à voiler, s'il le faut, des beautés secondaires pour mettre d'autant mieux en lumière celles qu'il importe surtout de monter. Cette science des sacrifices, si adroite déjà là ou Bonington n'avait à interpréter que les œuvres de l'architecture ou les données d'un paysage, on la retrouve, et peut-être sous des dehors plus délicats encore, dans les lithographies où il a groupé quelques personnages vêtus la plupart du temps à la mode vénitienne du XVIe siècle, et portant ces étoffes chatoyantes chères aux coloristes de tous les pays. D'ailleurs, ne cherchez ici ni des intentions morales très ingénieuses ou très profondes, ni des sujets fort imprévus. Il s'agira simplement d'une conversation entre gens assis ou se promenant sur quelque terrasse aux balustres et aux escaliers de marbre; il s'agira d'un concept, d'un repas ou de telle autre scène, aussi peu dramatique. Les lithographies de Bonington n'ont qu'une signification purement pittoresque, un charme tout extérieur; mais ce charme résulte d'une harmonie si facile rentre les diverses parties du travail, la valeur relative, des tons est indiquée avec une telle légèreté dans la pratique, avec un si vif instinct de l'effet, qu'on passe aisément condamnation sur le reste, et que l'on n'a pas le courage de reprocher à ces gracieuses petites pièces ce qui leur manque du côté de l'invention proprement dite et de la variété dans le choix des sujets.

L'uniformité des thèmes, qui suffisait à Bonington pour donner la mesure de son habileté, n'est pas, tant s'en faut, une habitude caractéristique de la manière d'Achille Devéria. Il semble, au contraire que cet infatigable artiste ait pris à tâche de ne laisser hors de la portée de son crayon rien de ce qui pouvait servir d'occasion ou de prétexte à une composition achevée ou à un croquis. Sujets de sainteté, de mythologie et d'histoire, portraits, scènes de mœurs, monumens archéologiques, et jusqu'aux ornemens de fantaisie pour l'illustration des livres, il a tout abordé, tout interrogé, tout traduit; bien souvent, nous l'avons dit, au préjudice d'un talent qui ne laissait pas de se compromettre en se prodiguant ainsi, mais souvent aussi avec une ampleur remarquable dans le sentiment et dans la mise en œuvre. Toute proportion gardée, entre la différence des époques et les ressources si inégales des moyens employés, on peut dire que le genre d'habileté propre à Achille Devéria continue ou rappelle en quelque chose les traditions de la vieille école de Fontainebleau, et s'il fallait retrouver les ancêtres de ce brillant talent, ce serait surtout, à ce qu'il semble, parmi les disciples du Primatice qu'il conviendrait de les chercher. Devéria n'a-t-il pas hérité de ceux-ci l'abondance, sinon la profusion des intentions pittoresque, le don des agencemens faciles, l'inclination à la grâce même immodérée, même empruntant, sous le prétexte de s'affirmer davantage, les formes de la convention ?

Triste et singulier contraste toutefois ! ces facultés qui semblaient exiger pour se produire à souhait les grandes tâches et les grands espaces, ces qualités qui, en d'autres temps, auraient pu se manifester avec éclat dans des travaux de décoration monumentale, on est réduit à les pressentir, à en surprendre çà et là les indices dans une multitude de petites œuvres publiées au jour le jour pour les besoins du commerce ou pour l'amusement des oisifs. A l'exception d'un certain nombre de lithographies sur divers sujets appartenant à la jeunesse de l'artiste, c'est même en dehors des scènes de pure invention, c'est parmi des travaux où l'imagination n'a qu'un rôle et une part secondaires qu'on trouvera les témoignages les moins équivoques, les meilleurs spécimens d'une manière, si bien faite en apparence pour les inspirations de la fantaisie. Les portraits en, pied ou en buste, dont le nombre est considérable dans l'œuvre de Devéria, nous semblent, en effet, résumer les mérites principaux et constituer la partie la plus remarquable du recueil. A ne juger que les qualités communes aux pièces dont s'est successivement composée la série, ces portraits se recommandent par l'extrême adresse de l'exécution, et là où les personnages sont représentés en pied, par une véritable hardiesse dans le jet, dans l'expression générale des figures. Ils ont en outre cela de particulier qu'ils nous transmettent dans une suite sans lacune les images authentiques de tous ceux qui, à quelque rang que ce soit, ont participé vers la fin de la restauration aux entreprises de l'armée romantique, - depuis les chefs de corps jusqu'aux simples porte-drapeaux et aux sous-officiers, depuis les hommes dont la plume ou le pinceau passionnait les salons et les ateliers jusqu'aux acteurs chargés de porter la lutte sur un autre terrain et d'intéresser la foule au succès de la nouvelle cause.

Est-ce tout néanmoins, et la facilité de crayon, la signification historique une fois constatées, les portraits lithographiés par Devéria ne sauraient-ils réclamer l'attention à d'autres titres ? Beaucoup d'entre eux, ce ceux-là même bien souvent que ne signale à la curiosité ni un nom célèbre, ni quelque souvenir appartenant au public, beaucoup attirent le regard et le captivent par les seuls mérites du travail, par la finesse avec laquelle chaque forme est indiquée, chaque détail caractéristique de la physionomie, du tempérament, des habitudes morales du modèle, aperçu et exprimé. Des nombreuses œuvres de même espèce qu'à produites la lithographie, on en citerait aucune, - sauf peut-être quelques portraits dessinés par M. Belliard, ou à une époque plus récente par M. Gigoux, ceux autre autres de Gérard et des Frères Johannot, - on en trouverait bien peu en tout cas qu'on pût rapprocher sans désavantage des portraits dessinés par Devéria, surtout dans la première moitié de sa carrière. C'est lui qui, à vrai dire, est le créateur, le maître du genre, et s'il fallait, pour apprécier la valeur de ses travaux, chercher des termes de comparaison parmi les œuvres contemporaines, quelle pauvre mine feraient à côté de cette manière à la fois souple et précise les molles gentillesses du crayon de Grévedon ou les lourdes insistances du crayon de M. Maurin !

Les premiers travaux d'Achille Devéria marquent à peu près, dans l'histoire de la lithographie en France, la fin de la période d'initiation et de progrès. On a vu la lithographie, après quelques courts momens d'hésitation, entrer bientôt en pleine possession d'elle-même et de ses ressources, arriver à l'excellence dans tous les genres qu'il lui appartenait d'abord, et préparer pour l'avenir une tradition et des exemples dont on pourra diversifier les formes, mais dont il serait au moins imprudent de répudier l'esprit. Reste à savoir dans quel sens cette tradition s'est modifiée, à quelles variations du goût ces enseignemens ont été soumis et comment ils sont peu à peu devenus stériles. L'âge d'or pour l'art qu'avaient pratiqué Charlet et Géricault n'est pas, il est vrai, si bien clos encore que quelque chose ne se continue dans la phase qui va suivre des faits ou des souvenirs de la première époque. De nouveaux talens pourront surgir, et parmi ceux-ci trois surtout d'une trempe assez forte pour résister aux envahissemens d'un vulgaire esprit d'industrie et pour en retarder les succès ; mais si Decamps, Raffet et Gavarni réussissent, chacun à sa manière, à maintenir la lithographie sur le terrain de l'art, combien d'autres la font progressivement dévier jusqu'au jour où, de déception en déception, de faux pas en faux pas, elle semble avoir renoncé même au désir de se relever de ses chutes et s'être installée pour ainsi dire dans la décadence ! C'est donc à la période dont nous avons essayé de résumer la physionomie générale et l'histoire que se rattachent les conquêtes principales, les progrès les plus importans de la lithographie. Jusqu'ici, ces progrès se sont accomplis avec ensemble, avec un succès à peu près égal, bien que dans des voies différentes. Il n'en sera plus ainsi désormais, et l'on peut dire, quelle que soit la valeur des talens qui apparaissent après les quinze ou vingt premières années, qu'il n'y a plus, à partir de ce moment, que des témoignages isolés, des artistes inégalement habiles, là où s'étaient produits d'abord des travaux simultanément inspirés et les efforts, heureux de, toute une école.

II

A l'époque où le gouvernement de juillet succédait au gouvernement de la restauration, la révolution commencée depuis quelques années dans le domaine de l'art venait aussi de s'achever. Elle assurait au parti de l'opposition, au parti romantique sinon un pouvoir sans contrôle, au moins une autorité assez généralement reconnue pour qu'il pût maintenant prendre la direction des affaires et exercer sur la marche de l'école une influence décisive. On sait toutefois ce qui arriva. Ce parti si entreprenant naguère, hardi dans l'attaque parut, en face de la victoire, embarrassé de son nouveau rôle et comme décontenancé par le succès. A l'exception d'Eugène Delacroix, qui, une fois le terrain conquis, s'y installa et s'y comporta en maître, ceux qui avaient le plus activement coopéré à la défaite de l'ennemi hésitèrent si bien à profiter de leurs avantages qu'ils négligèrent même de se prémunir contre un retour agressif : aussi, le moment ne tarda-t-il pas à venir où ils durent à leur tour se défendre tant bien que mal et lâcher pied. Ce qui, à partir de 1830 à peu près, survit dans la peinture des doctrines et des entreprises récentes n'a donc, en dehors des tableaux de Delacroix, qu'une importance contestable, un éclat qui n'est déjà plus qu'un reflet des audaces trahissant au fond la lassitude. Il n'en va pas autrement de la lithographie au lendemain du jour où la révolution a eu gain de cause. Même inertie dans les talens et dans les œuvres, même défiance apparente succédant à des témoignages de confiance excessive, des tentatives intrépides jusqu'à la témérité.

En apparaissant à ce moment, Decamps arrivait avec autant d'à-propos pour ses propres succès, que pour l'honneur d'un art qui menaçait de dépérir là même où la sève avait été d'abord le plus abondante et la vie le plus active. Bien des talens en effet, applaudis par tous au début, s'étaient arrêtés en route, bien des vides s'étaient faits dans les rangs de ceux qui avaient le plus sûrement contribué aux premiers progrès de la lithographie. Géricault et Bonington étaient morts ; Horace Vernet, tout entier à ses travaux de peinture, ne devait plus reprendre le crayon que dans quelques rares occasions [4]. Seul entre les maîtres appartenant à l'époque primitive, Charlet allait continuer de travailler pendant quinze années encore, mais, nous l'avons dit, non sans modifier assez sensiblement sa manière, non sans la compliquer de quelque recherche dans le style, de quelque coquetterie dans l'exécution. Decamps au contraire, - c'est là son mérite principal; - entendait subordonner l'adresse de la pratique à l'énergie du sentiment, et, tout en interrogeant de fort près le procédé, en ne négligeant, quant au maniement de l'outil, aucun stratagème ni aucune recette, laisser aux choses rudes leur caractère de rudesse, aux formes imprévues leur aspect exceptionnel, bizarre même, s'il le faut, mais strictement vrai.

Que ce parti pris d'accentuer la physionomie distinctive de chaque objet se traduise parfois en exagérations voisines de la caricature, qu'il y ait au fond de ce respect pour la réalité une certaine insuffisance du goût. Une sorte d'impuissance à distinguer entre les exemples d'élite et les faits seulement curieux, - c'est ce qu'il faut bien reconnaître. Decamps avait peut-être le besoin de la fermeté dans l'expression plutôt qu'il n'en avait reçu le don naturel et l'instinct. De là, sous sa véracité même, sous l'originalité et les hardiesses de son style, quelque chose d'un peu pénible, de prémédité outre mesure, de systématiquement voulu; de là aussi, en haine de la banalité, ces excès pittoresques dont nous avons parlé, cette inclination à confondre avec les élémens du beau des apparences tout accidentelles ou de pures singularités ethnographiques. S'agit-il de représenter des personnages bibliques où des chasseurs, des Turcs et leurs coutumes farouches, ou des animaux parodiant les mœurs humaines, l'artiste apportera dans l'imitation de ces modèles si divers les mêmes efforts studieux, le même zèle, on dirait presque les mêmes émotions, - si bien que les résultats de cette application uniforme auront entre eux un certain air de parenté, et qu'on courra le risque parfois, en face de telles figures d'hommes, de se souvenir un peu trop des singes que l'on aura vus ailleurs. Le talent de Decamps manque essentiellement de laisser-aller et de souplesse. Chacune de ses œuvres, depuis les compositions les plus importantes jusqu'aux moindres croquis, est certainement caractéristique, en ce sens qu'elle laisse deviner à première vue la main qui l'a faite ; mais ce caractère tout personnel demeure indépendant du sujet traité. Au lieu de se modifier conformément à la variété des données, cette manière garde en toute occasion une fixité opiniâtre : elle s'immobilise, pour interpréter La Fontaine ou Cervantes, dans les procédés employés la veille pour traduire la Genèse ou pour nous initier aux mœurs modernes de l'Orient. Là est en général le défaut des toiles qu'a laissées Decamps, et, s'il fallait justifier notre opinion par un exemple, nous rappellerions l'espèce de déception qu'éprouvèrent même les fervens admirateurs du maître en voyant ses tableaux de toutes les époques placés côte à côte à l'exposition universelle de 1855. La monotonie de l'aspect semblait faire de cette série de scènes différentes une simple collection de redites : afin de restituer à chaque toile sa signification propre, on dut, au bout de quelques jours, disséminer ce qu'on avait d'abord réuni avec plus de respect pour un grand talent que de véritable prudence.

Les lithographies de Decamps, pour être appréciées à leur valeur, auraient de même besoin de n'apparaître qu'à une certaine distance les unes des autres. Lorsqu'on en examine l'ensemble, lorsque le regard parcourt sans intervalle la suite des pièces composant le recueil, il est difficile de ne pas se lasser assez vite de cette méthode immuable, de cette vigueur dans l'exécution manifestée à tout propos et comme attrister par une volonté absolue ; mais si, au lieu d'embrasser d'un seul coup d'œil ces dessins ou ces croquis très peu dissemblables dans les formes malgré la diversité des thèmes choisis, on prend le temps de les étudier séparément, nul doute que les mérites de chaque série ou de chaque pièce ne produisent sur l'esprit un effet contraire à l'impression qu'auraient laissée le rapprochement et l'examen du tout. Je me trompe : parmi les suites sur différens sujets publiés par Decamps, il en est une qu'il ne suffirait pas d'isoler du reste, et qu'on voudrait, pour l'honneur du maître, pouvoir absolument retrancher. Tâchons au moins d'oublier ces tristes caricatures où le crayon d'un artiste mieux inspiré d'ordinaire n'a pas craint d'outrager la vieillesse d'un roi, d'insulter aux malheurs d'un proscrit : mauvaises œuvres à tous égards, d'où le talent est aussi formellement absent que le plus vulgaire sentiment de respect, de pitié même, et dont aucun juge, si indulgent qu'il soit, ne saurait excuser la brutalité pittoresque, encore moins absoudre l'esprit. En tenant pour non avenues les regrettables satires crayonnées par Decamps pendant les premiers mois qui suivirent la révolution de juillet, on ne ferait au surplus que s'associer à un désaveu dont il semble de son côté avoir senti la convenance, puisque, après s'être fourvoyé un moment dans cette voie indigne de l'art et de lui-même, il en sortit pour n'y plus renter.

On le voit, le talent de Decamps, qui devait, pendant tant d'années, s'obstiner dans la pratique de certains principes une fois adoptés, ce talent s'était d'abord méconnu lui-même, ou tout au moins il avait hésité sur l'emploi à faire de ses propres forces. Avant de demander aux violences de la caricature politique une popularité de mauvais aloi, il s'était essayé, assez timidement il est vrai, dans la représentation des scènes militaires [5], puis dans ce genre sentimental et doucereux que Duval-Lecamus et consorts n'avaient que trop mis à la mode. Le Petit Savoyard et le Singe, une Visite à l'Hôtel-Dieu, Pauvre Noir ! d'autres élégies du même ordre insérées dans un recueil périodique, l'Album, n'annonçaient rien de plus que les ambitions d'un esprit en quête du succès, quel qu'il soit, et les tâtonnemens d'un crayon qui cherche à se donner confiance, tout en agissant à l'aventure. C'est seulement dans une série de lithographies publiées un peu plus tard et représentant, chacune sur une même feuille, des figures, des animaux ou des détails de paysage capricieusement rapprochés, c'est seulement dans ces macédoines qu'on dirait transcrites, comme autant de notes pittoresques, d'un cahier de croquis sur la pierre, que la manière de Decamps se définit pour la première fois et que l'originalité de ce style, devient manifeste. Je ne parle pas d'autres preuves récemment faites en dehors de la lithographie. A l'époque où il crayonnait ces pièces pour le recueil intitulé Croquis par divers artistes, Decamps avait déjà exposé au salon l'Ane et les Chiens savans, une patrouille à Smyrne, et le succès qui venait d'accueillir les œuvres du peintre avait dû enhardir le dessinateur. Celui-ci néanmoins réussirait-il, sans le secours des empâtemens et des retouches, à transporter sur le papier le mode d'exécution solide que sa main avait su pratiquer sur la toile ? La simplicité même du moyen ne paraissait-elle pas lui interdire ici jusqu'au souvenir des innovations tentées ailleurs avec le pinceau ? En changeant de procédés, Decamps a eu ce privilège de les ramener tous à une apparente unité et de soumettre à une même méthode, aux exigences d'une même volonté, les conditions les plus diverses et les moyens les plus rebelles. Ses aquarelles n'ont ni moins de relief ni moins de vigueur dans le coloris que ses tableaux : comme ses dessins, les lithographies qu'il a faites ne diffèrent guère de ses œuvres peintes que par leur aspect monochrome. Elles ont dans le modelé une consistance, une épaisseur en quelque sorte qui semble résulter de la pâte même plutôt que des travaux du crayon et qui étonne le regard au point de laisser soupçonner quelque fraude matériel là où il n'y a en réalité qu'un art et des combinaisons légitimes.

En traçant ses croquis sur différens sujets, Decamps avait prouvé que, dans la lithographie comme ailleurs, il n'entendait rien démentir, rien sacrifier de la manière et des doctrines que son nom avait commencé de personnifier. A cet égard toutefois, ses intentions n'allaient pas au-delà des caractères extérieurs du travail, et l'on ne pourrait, en effet, attribuer une significations plus sérieuse à ces petites scènes morcelées, à ces formes interrompues comme les inspirations qu'elles traduisent, ou diversifiées, au courant de la fantaisie, suivant l'espace qu'il s'agissait de remplir. Le moment était venu pour le jeune maître de grouper dans des ouvrages achevés, dans de véritables compositions, les éléments qu'il avait jusqu'alors recueillis un à un : il fallait que, tout en continuant un style et un faire particuliers, il les consacrât à l'expression d'idées complètes et, de faits vraisemblables. Quelques beaux dessins, représentant des scènes ou des paysages de l'Orient, de nombreuxsujets de chasse et jusqu'à de simples vignettes pour des romances montrent qu'en cédant à ces préoccupations nouvelles, Decamps n'y perdit pour cela ni sa verve primitive ni l'indépendance de son sentiment. Le tout, au contraire, achève de mettre en relief les qualités que les essais précédens permettaient déjà de pressentir. Plus correctes dans les formes, mais d'une correction sans pédantisme, plus raisonnablement ingénieuses dans l'invention, ces lithographies l'emportent également sur les croquis que nous avons mentionnés par l'habileté avec laquelle le procédé lui-même est manié en vue du ton et de l'effet. Les deux collections de sujets de chasse surtout attestent à cet égard un progrès remarquable; elles caractérisent aussi nettement la manière de l'artiste qu'elles nous font comprendre jusqu'où vont, en matière de coloris, les droits du crayon et quelles réserves lui sont imposées.

A ne l'envisager que comme lithographe coloriste, - s'il est permis d'employer ce mot à propos d'œuvres d'où la couleur proprement, dite, est absente, - Decamps mérite d'occuper une des premières places dans l'école à laquelle appartiennent Bonington et Delacroix. Moins délicat, il est vrai que le premier de ces deux maîtres, moins instinctivement inspiré que le second, il a de commun avec l'un et l'autre le goût des partis francs, des harmonies, ou des contrastes sans équivoque. Il sait vouloir jusqu'au bout ce qu'il veut dire tout ce qu'il pense, exprimer hardiment ce qu'il a senti. Que ce soit chez lui affaire d'âme ou de cerveau, qu'il y ait sous cette franchise même un fonds de calculs plus ou moins laborieux, dans ce besoin d'être soi plus d'efforts peut-être que d'entraînemens naturels, c'est ce que nous ne prétendons pas décider. Toujours est-il qu'innées ou acquises, de pareilles aptitudes suffisent pour honorer un artiste, et que, en face des résultats obtenus, on aurait mauvaise grâce à regarder de préférence aux origines et aux causes secrètes. Le talent de Decamps vit dans des témoignages assez sûr pour qu'on les consulte à l'exclusion du reste, dans des œuvres assez notables pour qu'on s'en tienne à ce qu'elles expriment. On pourrait faire montre de sagacité en s'aventurant au-delà : on se rendrait coupable d'injustice en récusant comme incomplètes les preuves que l'on a sous les yeux, ou en tenant un compte médiocre du surcroît d'honneur qu'elles ajoutent à l'histoire de notre art national.

Tandis que Decamps introduisait dans la pratique de la lithographie des réformes conseillées à la fois par son sentiment personnel et par le souvenir des récentes tentatives de l'école romantique, un artiste tout autrement inspiré, Raffet, ne travaillait encore qu'à continuer pieusement, à imiter presque sans modification les exemples et la manière de Charlet. Que quelques années s'écoulent, il est vrai, et cette docilité aura fait place à certaines velléités d'affranchissement, puis à des essais d'émancipation de moins en moins timides; enfin à l'indépendance absolue; vers1830 ? rien ne faisait soupçonner dans le talent de Raffet une transformation aussi prochaine, ou plutôt ce talent, s'ignorant lui-même, ne semblait ambitionner d'autre rôle, à côté des maîtres du genre, que le rôle modeste de suppléant; Volontairement ou non, il lui fallut se départir de sa réserve et s'élever de progrès en progrès au premier rang ; mais, à mesure que ces succès lui vinrent, à mesure que sa réputation grandit, il n'en usa pour redoubler d'attention à se surveiller et pour se comporter dans la situation qu'il s'était faite, comme s'il avait encore à la conquérir. Un homme qui a bien connu Raffet et qui a résumé dans quelques pages émues cette vie si probe et si simple, M. Auguste Bry, nous montre l'honnête artiste aussi étranger à tout sentiment de vanité lorsque son nom est devenu célèbre qu'à l'époque où il recevait les premières leçons de Charlet ou les encouragemens bien vifs, bien flatteurs pourtant, de son second maître, Gros. Raffet, dit-il, possédait la plupart des dons qui font les nommes illustres, et, chose qui rendait les relations avec lui charmantes, lui seul avait l'air de ne pas s'en douter [6]. On pourrait ajouter que cette candeur du caractère se retrouve dans tous les travaux du dessinateur, depuis les croquis frivoles jusqu'aux compositions héroïques, depuis les groupes de deux ou trois figures jusqu'aux scènes les plus compliquées. Certes, au point de vue de l'originalité et de la science, la différence est grande entre les œuvres publiées par Raffet à ses débuts et celles qu'il fit paraître dans la seconde moitié de sa carrière ; il y a loin sans doute du disciple et de l'imitateur de Charlet au maître à qui l'on doit le Voyage dans la Russie méridionale, le Siège de Rome et tant d'autre lithographies traitées avec une habileté consommée. Toutefois, si inégaux qu'en soient les mérites, les ouvrages divers de Raffet se relient entre eux par une expression continue de sincérité, de bonne foi, et là même où l'imitation d'autrui est le moins équivoque, il y a dans cette soumission aux exemples jugés les meilleurs une défiance de soi si ingénie qu'on ne saurait l'accuser bien sévèrement, ni confondre de pareils actes de déférence avec les contrefaçons banales et les larcins.

Il ne serait pas tout à fait juste au surplus de ne voir que l'aveu de l'inexpérience ou une abnégation absolue dans les lithographies ou Raffet s'applique le plus soigneusement à reproduire la manière de Charlet. Quelque chose de personnel se fait jour sous ces dehors d'emprunt ; un souvenir assez franc parfois de la réalité vivifie ces formules apprises, ce mode d'expression de seconde main, et mêle au moins une promesse pour l'avenir aux témoignages de la docilité actuelle. Du reste, quant aux sujets choisis et aux procédés de la mise en scène, rien que de strictement renouvelé des exemples du maître. Un recueil intitulé, fort modestement d'ailleurs, Croquis pour l'amusement des enfans n'offre guère, à la grâce et à la finesse près, qu'une seconde édition des lithographies de Charlet sur les mêmes thèmes. D'autresalbums, composés de scènes exclusivement militaires, nous montrent sans variantes très sensibles ces grognards dont le crayon n'avait pas cessé depuis quinze ans de multiplier les types, ces conscrits dont il avait tant de fois, déjà raconté les premières émotions, guerrières ou les mésaventures, en un mot; tout ce qui avait été rappelé, décrit, retracé de la vie passée ou, présente de deux générations de soldats. C'est seulement à partir du moment où il remonte, pour le choix de ses sujets, au-delà de l'époque impériale que Baffet, sans affranchir encore très résolument sa manière, commence du moins à y faire la part plus large aux intentions personnelles et à l'invention.

En transcrivant sur la pierre les faits les plus récens de notre histoire militaire, Charlet, Horace Vernet et après eux M. Bellangé s'étaient contentés de reproduire ce qu'ils avaient vu de leurs propres yeux ou ce dont ils avaient pu être directement informés par les héros mêmes de cette histoire. Venu le dernier, Raffet s'était d'abord imposé une tâche semblable, et à l'exemple de ses aînés il s'était à peu près cantonné dans la glorieuse période qui commence et qui finit avec Napoléon. Obéit-il à quelque séduction involontairede l'esprit, ou bien y eut-il chez lui un parti pris d'innovation et un calcul, lorsqu'il essaya de raviver les souvenirs d'une époque antérieure ? Je ne sais : ce qui est certain, c'est qu'il s'attacha et qu'il réussit le premier à retrouver, à restituer avec un singulier mélange d'orgueil patriotique et de fine ironie la physionomie complexe des vieilles troupes de la république. Est-il besoin d'insister et de citer ces lithographies connues de tous où l'artiste a si vivement célébré la grandeur misérable et la gloire en haillons de l'armée de Sambre-et-Meuse ? Chacun se souvient d'avoir vu, dans les énergiques et spirituels dessins de Raffet, ces représentans du peuple haranguant la tête empanachée et le corps affublé d'un costume de théâtre, quelque régiment aux pieds nus, aux habits mal rapiécés, aux visages amaigris par les fatigues et par le jeûne. Qui de nous a regardé sans un sourire et en même temps sans une admiration attendrie ce Bataillon de Loire-Inférieure dont un ordre du jour récompense la belle conduite sur le champ de bataille en accordant à chaque homme une paire de sabots ? On n'a pas oublié non plus ces deux scènes héroï-comiques représentant, l'une des soldats républicains prêts à s'élancer sur l'ennemi qu'un officier monté sur un cheval étique leur recommande d'aborder franchement, à la baïonnette, - l'autre, des fantassins embusqués dans un marais où ils ont de l'eau jusqu'à mi-jambe, tandis qu'un sergent les exhorte en ces termes au respect de la discipline et à la patience : Il est défendu de fumer, mais vous pouvez vous asseoir. Combien de pièces du même genre ne devrions-nous pas citer, s'il fallait recueillir ici tous les témoignages de cette aptitude à concilier l'appréciation critique avec une émotion sincère, l'intelligence des graves enseignemens de l'histoire avec des arrière-pensées de plaisanterie et presque d'épigramme.

Contraste singulier toutefois ! c'est seulement dans l'interprétation de ces sujets si peu plaisans en eux-mêmes, c'est quand il a eu à reproduire les hommes et les choses de nos temps révolutionnaires, que Raffet a rencontré l'expression de raillerie délicate, les vraies formes de la comédie. Partout ailleurs sa bonne humeur a je ne sais quoi de dissonant et de forcé, et les lithographies, entre autres, où il a prétendu tourner en ridicule les faits ou les personnages politiques contemporains prouvent de reste qu'une pareille besogne ne convenait ni aux habitudes de son esprit ni à ses instincts. On peut dire qu'en général Raffet ignore l'art d'égayer pleinement la pensée, et que s'il lui est arrivé parfois de la recréer en glissant quelque fin commentaire à côté d'un texte sérieux, il a le plus souvent échoué là où ce point de départ ou d'appui lui faisait défaut. Contrairement à Charlet, qui n'est jamais mieux à l'aise qu'en face des sujets exigeant dans le style de la rondeur et une verve rabelaisienne, Raffet hésite ou se déconcerte quand il lui faut demander ses inspirations aux scènes de cabaret, aux vulgaires événemens de la rue. Ce qui sied à ce talent ami de la beauté morale et des nobles thèmes, ce qui en résume bien les inclinations naturelles, c'est l'image de quelque lutte vaillamment provoquée ou soutenue, d'un acte de dévouement, ou mieux encore de quelque congrès idéal des morts ignorés ou illustres dont les champs de bataille gardent les ossemens. Sans parler du Réveil, du Défilé nocturne, du Cri de Waterloo, et de quelques autres compositions où la réalité des apparences se combine avec le caractère fantastique de la donnée, une pièce justement célèbre, - cette Revue d'héroïques fantômes que passe dans la région des nuages l'ombre de Napoléon, - montre assez quelles fortes pensées hantaient l'imagination de l'artiste et de quelques formes poétiques il savait les revêtir.

Les traces de l'influence que Charlet avait exercée sur son élève achèvent de s'effacer non-seulement dans cette scène d'un caractère tout idéal, mais dans une suite de lithographies publiées vers la même époque et consacrées à l'histoire de l'Expédition de Constantine, par conséquent à la pure représentation du fait. Raffet pourtant, quelque indépendante que fût devenue sa manière, n'avait pas encore osé, quant au choix des sujets, agrandir le cercle où ses premiers essais semblaient devoir le confiner. Il avait largement fait ses preuves d'habileté dans un certain ordre de travaux, mais était-il de force à réussir ailleurs ? N'y avait-il en lui que l'étoffe d'un peintre de batailles et de scènes militaires ? Les cent lithographies dont il a enrichi l'ouvrage de M. Demidof, Voyage dans la Russie méridionale et la Crimée, sont une réponse péremptoire à cette question. Qui sait même ? Peut-être ces beaux dessins ne serviraient-ils pas uniquement à démontrer la transformation imprévue d'un talent, à révéler des progrès tout personnels ; peut-être pourrait-on y reconnaître encore les symptômes, sinon les origines, d'autres talens plus voisins de nous, et sans se méprendre beaucoup sur la filiation, rattacher par exemple à la seconde manière du maître les inspirations ethnographiques et jusqu'aux procédés de M. Bida. En tout cas, et quelle qu'ait été leur influence sur les œuvres qui ont suivi, les pièces dont se compose le Voyage dans la Russie méridionale se distinguent très ouvertement, par la franchise du sentiment et la justesse des expressions, de tous les recueils du même genre qu'on avait jusqu'alors publiés dans notre pays.

Nous ne voudrions pas médire de certains grands ouvrages conçus dans les intentions, généreuses, et, dont l'utilité, au point de vue scientifique, rachète, au moins en partie, l'insuffisance pittoresque; mais n'est-il pas permis de regretter que les artistes qui, dans la première moitié du siècle, se sont consacrés à de pareils travaux, aient subi en général l'empire d'anciennes habitudes et le joug de la tradition plus docilement encore que l'action directement exercée par leurs modèles ? Pendant combien d'années a-t-on cru qu'une contrefaçon de l'antique était la caution nécessaire et comme le passeport dans le domaine de l'art de toutes les nouveautés qu'il s'agissait d'y introduire ! Que de gens eussent pensé trahir leur devoir, s'ils n'eussent pieusement dessiné le masque du Jupiter sous le turban d'un pacha ou les formes de l'Apollon du Belvédère, sous la fustanelle d'un pallikare ! Les types que Raffet avait à retracer autorisaient, il est vrai, moins que d'autres, ces préoccupations de la beauté classique, et peut-être en face des Tatars et des Tsiganes était-il médiocrement méritoire d'oublier les exemples consacrés ailleurs par le ciseau grec ou romain. La difficulté consistait plutôt dans la mesure à garder entre une imitation superficielle et une copie trop scrupuleuse, entre l'expression incomplète du vrai et la transcription littérale de l'extrême réalité. Or c'est ce point intermédiaire que Raffet a su discerner avec une bien rare clairvoyance; c'est ce mode de traduction à égale distance de la servilité et de l'indépendance, c'est ce style familier sans bassesse, exact sans pauvreté, qui donnent au Voyage dans la Russie Méridionale une importance exceptionnelle et qui font de ce beau livre un spécimen considérable de la lithographie, aussi bien qu'un trésor de révélations curieuses et de sûres renseignemens.

Veut-on d'autres témoignages de l'art avec lequel Raffet trouvait les secrets du style dans la véracité même de son crayon, que l'on examine le dernier ouvragé et peut-être le plus émouvant qu'il ait produit, cette histoire duSiège de Rome, interrompue par la mort du maître, mais dont plus de trente pièces, publiées à partir de 1850, nous ont raconté les phases successives et les principaux épisodes. Quelle vérité dans les types ! et bien souvent quelle éloquence dans l'expression, depuis la physionomie si fièrement calmé de ces soldats prêts à partir pour la ville éternelle ou de ces travailleurs allant à la tranchée, jusqu'à la vaillante charité qui brille sur les traits de ces prêtres protégeant au péril de leur vie des prisonniers et des blessés! Quant aux lithographies représentant les travaux mêmes du siège ou les luttes engagées dans les bastions qui environnent la ville, qu'en dire, sinon qu'elles rivalisent avec ce que Vernet et Charlet ont laissé en ce genre de plus vraisemblable, de plus ingénieux, de plus animé? Peut-être, à ne tenir compte que des procédés et du faire, y a-t-il çà et là quelque excès d'insistance sur la définition des détails, quelque lourdeur dans cette pratique un peu trop bien informée, un peu trop convaincue pour ainsi dire : en revanche, comment ne pas admirer la grandeur facile de l'ordonnance, la certitude avec laquelle le sens général de chaque scène est saisi, le fait d'ensemble aperçu et exprimé ? C'est le privilège du talent de Raffet de faire sentir la présence de la victoire ou l'imminence d'un échec là même où les yeux ne voient d'abord que des bataillons en marche ou des corps d'armée qui se heurtent. Nul mieux que le dessinateur du Siège de Rome n'a réussi à donner à un mouvement collectif la signification d'une action individuelle, à une foule en armes l'unité morale et presque les apparences d'un être vivant de sa vie propre ; nul non plus n'a mieux honoré ni résumé avec plus de justesse les qualités que les soldats de notre temps apportent sur les champs de bataille dans les camps ou dans les fossés des tranchées, et l'on peut particulièrement appliquer à l'image de leurs efforts si patiens ou si hardis devant Rome ce que M. Giacomelli dit avec raison de cette expression d'impétuosité ardente et disciplinée qui se retrouve dans la plupart des dessins que Raffet a consacrés à la gloire des armes de la France [7].

Depuis l'époque ou Vernet et Charlet avaient fait paraître leurs premières lithographies jusqu'au jour où Raffet était devenu un maître à son tour, la représentation par le crayon des scènes militaires avait donc suscité dans notre pays des talens et des succès non interrompus. En allait-il ainsi des scènes de mœurs proprement dites ? L'art qui réussissait si bien à décrire les mâles coutumes et les hauts faits de nos soldats trouvait-il en soi les mêmes ressources pour retracer les incidens de la vie civile, les joies ou les misères de la mansarde, l'oisiveté élégante ou les menus drames du salon ? En un mot, quelque artiste avait-il surgi qui, en traitant de sujet tout différens, méritât d'être considéré comme un rival des trois maîtres que nous venons de nommer ? Si les lithographies de Gavarni n'existaient pas, la réponse serait négative. On a vu que, même avant les années qui suivirent la révolution de juillet, plusieurs dessinateurs avaient essayé, - et souvent avec une certaine habileté, - de transporter sur la pierre quelque chose des occupations ou des habitudes de la société contemporaine. Leurs ouvrages toutefois se recommandaient par des intentions agréables plutôt que par une grande force d'observation; l'esprit, mais un esprit assez superficiel, enjolivait ces petites scènes où le crayon, de son côté, ne trouvait guère qu'un prétexte à des indications presque arbitraires, à des lazzis plus ou moins adroits. Il appartenait à Gavarni de pénétrer beaucoup plus avant dans l'étude et dans l'explication des faits, d'agrandir aussi bien le cercle des observations morales que le champ même de l'interprétation pittoresque; il lui était réservé de trouverles inspirations et le ton de la comédie là où ses devanciers n'avaient su rencontrer que les gentillesses du vaudeville, et l'on peut dire par exemple de la Vie de château d'Eugène Lami ou des Grisettes d'Henri Monnier que ces amusans recueils sont aux œuvres successivement produites par le dessinateur des Fourberies des Femmes, des Masques et Visages, et de tant d'autres séries de pièces pleines de pensée, ce que dans l'ordre littéraire lesProverbes de Théodore Leclercq sont aux œuvres de l'auteur de la Comédie humaine.

On ne saurait d'ailleurs pousser fort loin la comparaison entre Balzac et Gavarni. S'ils ont l'un et l'autre le don et le goût de l'analyse, la verve, la fécondité, sur d'autres points les différences sont notables. Quelque bonne envie qu'il ait de faire acte de moraliste, bien souvent Balzac est au fond du parti des passions ou des travers qu'il condamne, des fausses grandeurs dont il semble vouloir nous montrer le néant. Il a pour les triomphes de l'argent une déférence instinctive, pour les énergies, quelles qu'elles soient, une admiration si peu scrupuleuse qu'il qualifiera sans marchander du même mot, - le mot sublime, - l'impudence du fripon et l'obscure probité du pauvre, l'effronterie de la courtisane et le dévouement de l'épouse ou de la mère de famille. Ce qu'il peint, il le peint au vif, mais en observateur curieux de toutes les singularité, autant, peut-être plus qu'en artiste épris de certaines vérités qu'il sait utiles. Ce sont au contraire ces vérités, non pas étrangères, mais supérieures au fait, qui préoccupent Gavarni, et qu'il nous laisse pressentir jusque dans l'image des difformités de l'âme ou de l'esprit, jusque dans le tableau des joies cyniques ou des situations équivoques. Il serait fort téméraire sans doute, il serait ridicule d'attribuer l'austère éloquence et l'autorité d'un sermonnaire à qui ne veut et ne fait après tout que nous donner un conseil détourné, que soulever en passant un coin du voile sous lequel se dérobent nos lâchetés ou nos vices, qu'entre-bâiller pour ainsi dire la porte d'où se répandrait pleinement la lumière. Toujours est-il que le rayon qui en jaillit suffit pour accuser la physionomie morale aussi bien que la saillie matérielle des choses, et qu'au lieu d'analyser, comme Balzac, la réalité pour le seul plaisir de l'analyse, Gavarni semble surtout avoir à cœur d'en dégager et d'en résumer le sens. N'est-il pas juste d'jouter que le style net de concis de l'artiste ne continue ou ne rappelle rien des formules embarrassées, des entortillemens de langage où se complaît le célèbre romancier ? Mais laissons là des questions sur lesquelles il serait hors de propos d'insister davantage, et que d'ailleurs il ne nous appartient pas de traiter. Les côtés littéraires du talent de Gavarni exigeraient, pour être bien mis en relief, le tact et l'expérience d'un maître ne matière de littérature. Peut-être y aurait-il dans un pareil sujet de quoitenter une plume habile entre toutes à nous révéler chez autrui les plus secrètes délicatesses et à y ajouter l'influence de ses propres exemples : qu'il nous suffise d'indiquer quelque chose des caractères extérieurs de ce talent en isolant, autant qu'il se pourra, les mérites du dessinateur, des leçons proposées par le moraliste, et la grâce dans l'exécution des hardiesses ou des finesses de la pensée.

Pour les premières œuvres de Gavarni, on n'a pas à établir cette distinction. Il ne s'agit, en effet ici que de pures fantaisies pittoresques, d'une suite de travestissemens imaginés avec goût, tracés d'un crayon élégant, beaucoup plus spirituel et plus leste que le burin employé alors à l'illustrationdes journaux de modes; mais ce crayon ne fait encore que traduire des intentions, absolument frivoles, qu'esquisser des formes tout artificielles et fort étrangères assurément à l'expression d'une idée philosophique, si modeste quelle soit. Peu à peu cependant ce qui n'était qu'une image presque inanimée, la simple effigie d'un costume, prend l'accent de la vie et d'une vie aussi fidèlement reproduite dans ses habitudes intimes que dans ses dehors. Au lieu d'apparaître isolément et de servir de prétexte à des ajustemens capricieux, les figures se groupent et participent à des scènes dont quelque souvenir de carnaval ferai encore les frais sans doute, mais qui auront du moins une signification définie. Cette veine une fois trouvée, Gavarni l'exploitera avec une intelligence des sujets de plus en plus profonde, avec un mélange singulier de curiosité et de compassion pour les tristes folies, pour les misères fardées de joie qu'il a entrepris de retracer. Pendant plusieurs années, il déroulera dans une série d'épisodes expressifs l'histoire des aberrations de tout genres des amours vénales, des gaîtés malsaines, dont un travestissement, est la livrée, et l'atmosphère d'un bal public, l'aliment; puis, quand le lendemain sera venu pour ces faux plaisirs ou ces orgies, quand le silence aura succédé à tout ce bruit, la première ride à cet épanouissement éhonté de la jeunesse, nous retrouverons l'enfant prodigue sous les verrous d'une prison pour dettes ou l'héroïne amaigrie des bals masqués parmi les comparses de quelque théâtre. Un jour enfin il n'y aura plus pour les complices de tant de fautes lointaines que le regret amer, l'isolement ou l'ignominie, les infirmités ou la faim, et le même crayon qui nous avait raconté les commencemens du roman nous en donnera la conclusion dans deux suites parallèles, - les Invalides du sentiment, et lesLorettes vieillies. Sévère enseignement sous des formes, familières, plaisantes même, que cette image en partie double de la vie faite aux hommes qui n'ont pas su se préparer une vieillesse, et aux pauvres créatures tombées du haut de leur luxe dans le ruisseau ! Vivante galerie où ne manque le portrait d'aucun de ces vétérans du vice, depuis le Faublas ou le Valmont édenté supputant, au coin de son foyer solitaire, le nombre des malheureuses qu'il a faites jadis jusqu'à la vieille courtisane mendiant dans la rue le pain de la journée et répondant à l'aumône qu'un passant lui jette par ce cri de gratitude sinistre : Que Dieu préserve vos fils de mes filles !... Et quelle judicieuse diversité dans les types, quelle franchise dans l'exécution, quelle vive expression de la physionomie, du mouvement, du geste, de tous les élément extérieurs du vrai !

Le crayon de Gavarni n'a guère de ruses, et il n'a pas de tromperies. S'il réviser comme c'est son droit, la réalité pour l'assouplir au sentiment et la mettre d'accord avec ses propres inclinations, il n'escamote rien des enseignemens qu'elle lui a fournis, des exactes conditions qu'elle lui impose. Sans doute Gavarni a une manière, c'est-à-dire un mode personnel et choisi de définir ce qu'il a imaginé ou de représenter ce qu'il a vu ; mais cette manière, si facilement reconnaissante qu'elle soit, résulte bien moins du procédé systématique que de la sincérité même, de la justesse tout exceptionnelle avec laquelle chaque attitude est indiquée, chaque forme résumée, chaque trait caractéristique aperçu et reproduit. Les séries de lithographies que nous avons mentionnées suffiraient pour démontrer cette habileté de l'artiste à concilier l'extrême vraisemblance dans la mise en scène avec la délicatesse imprévue ou l'audace de l'invention : combien de preuves nouvelles n'en rencontrera-t-on pas; si l'on parcourt d'un bout à l'autre la collection des scènes qu'il a dessinées sur tous les sujets, des mille figures qu'il a tracées d'hommes, de femmes, d'enfans, appartenant à toutes les classes, animés de toutes les passions, convoitant tout ce que la vie promet ou gaspillant tout ce qu'elle donne ! Dans ce tableau complet de nos mœurs, dans ce livre où chaque genre de fraude où de folie a son chapitre, chaque ridicule au moins une page, que de types franchement comiques ou mélancoliquement expressifs, que d'observations tour à tour piquantes ou sérieuses, mais aussi quelle certitude et quelle grâce dans les moyens employés pour les traduire ! Peut-être même ces qualités de l'exécution sont-elles ici plus remarquables encore que la souplesse et la fécondité de la pensée, car en matière d'art bien souvent ce qui nous intéresse, ce n'est pas tant la chose qu'on dit qu'une certaine manière de la dire. Dans les œuvres de Gavarni, au surplus, la connexité est si étroite entre l'intention morale et le procédé pittoresque, ces heureuses et jolies trouvailles de l'imagination se produisent sous des formes si neuves elles-mêmes, Si bien appropriées au sujet, qu'on ne saurait guère apprécier les unes sans tenir compte en même temps des autres, et que le plus facile comme le plus juste sera de se tenir au plaisir indivis qu'il appartient au tout de nous donner.

Gavarni n'est donc pas seulement un homme d'esprit, un littérateur qui dessine; c'est aussi un artiste dans la stricte acception du mot, un imitateur clairvoyant de la nature, aussi bien en garde contre la copie à outrance que contre les formules incomplètes, pédantesques ou convenues. Vraies avant tout par le caractère général, par la physionomie dominante, par l'accent et l'harmonie de l'ensemble, ses œuvres ont aussi cette vérité qui résulte de la ressemblance matérielle, de l'expression exacte des détails. De là l'incontestable supériorité de ce talent sur l'habileté factice des dessinateurs satiriques qui se sont succédé depuis quelques années. Parmi ceux dont les noms sont aujourd'hui populaires, quel rival trouverait-on à opposer à Gavarni? Ce serait faire injure à ses travaux si délicatement inspirés, si variés et si élégans dans la pratique, que de les rapprocher des âpres et monotones croquis de Daumier ou des espiègleries crayonnées à tout propos par Cham. Que le besoin de gaîté et le rire prompt, que le goût pour les épigrammes burlesques trouvent leur compte dans ces dessins, je le veux bien; mais l'art et l'instinct de l'art n'y ont que fort peu à voir, et ce n'est pas là sans doute qu'il conviendra de chercher des exemples d'atticisme pittoresque. Pour rencontrer, sinon des équivalens, du moins des témoignages à peu près analogues aux preuves fournies par Gavarni, il faudrait consulter des œuvres qui n'appartiennent ni à la lithographie, ni à notre époque, et peut-être remonter jusqu'à Hogarth. Encore le peintre du Mariage à la mode, de la Vie d'une Courtisane et de tant d'autres tableaux de mœurs diversement intéressans a-t-il dans le style une tension et dans le faire une recherche dont la manière du dessinateur français est exempte. Aussi dramatique à ses heures, aussi ingénieux d'habitude que le talent du maître anglais, le talent de Gavarni s'exprime en termes plus clairs et plus faciles. Au lieu de compliquer une scène de mille allusions partielles, de détails laborieusement assortis, il demande seulement au jet d'une figure ou aux rapports de celle-ci avec les figures qu'elle avoisine ce que bien souvent Hogarth s'épuise à chercher dans le rapprochement de certains objets inanimés. En un mot, il rend sensibles au premier aspect les intentions qu'il a eues, les formes qu'il a entendu retracer : chez Hogarth au contraire, les apparences ont quelque chose d'embarrassant pour les yeux comme pour l'esprit, et ce n'est pas sans de longs efforts d'attention qu'on parvient, - si même on y réussit toujours, - à démêler le sens caché sous ces dehors énigmatiques.

A n'envisager les œuvres de Gavarni que dans le milieu même où elles se sont produites et relativement aux autres travaux de notre école moderne, ces modestes œuvres, osons le dire, méritent d'être comptées parmi les meilleures et les plus durables. Qu'on réduise aussi rigoureusement que l'on voudra le nombre des artistes contemporains dont la postérité aura probablement à s'occuper ; que, dans ce petit groupe de talens et de noms promis à l'avenir, on refuse une place à tel nom un moment célèbre, à tel talent aujourd'hui en faveur, - il nous semble difficile, impossible même, que l'exclusion atteigne Gavarni. Il n'a traité qu'un genre secondaire, soit ; mais il y a excellé, et en fait d'art, on le sait, l'excellence des résultats est un brevet de longévité plus sûr que la dignité même des principes et des sujets. Il n'a, j'en conviens, voulu ou su manier que le crayon, et il s'est ainsi affranchi de certaines conditions, de certaines difficultés considérables imposées aux peintre proprement dits : est-ce une raison toutefois pour tenir en estime médiocre ce qu'il a fait pour lui reprocher de n'avoir pas fait autre chose ? Depuis quand faut-il dédaigner les tableaux de genre ou les comédies de mœurs, parce qu'il y a des tableaux de genre ou les comédies de mœurs, parce qu'il y a des tableaux d'histoire et des tragédies ? Que la comédie d'ailleurs soit écrite avec la plume, le crayon ou le pinceau, peu importe, pourvu qu'elle soit bonne, que la scène de mœurs soit bien rendue. Voilà pourquoi, sans prétendre certes élever l'habile dessinateur au niveau de quelques peintres qui sont l'honneur principal de notre école, on est autorisé à dire que ses œuvres doivent survivre, et, le genre une fois admis, que celui qui les a faites est véritablement un maître.

Le nom de Gavarni est, dans l'ordre chronologique, le dernier de ceux qui personnifient les faits principaux de l'histoire de la lithographie en France, le seul qui représente aujourd'hui la vie de l'art en dehors de l'activité stérile et des faux progrès de l'industrie. Depuis un quart de siècle environ, Gavarni est en possession d'un succès que chaque jour presque a renouvelé. Or, tandis qu'il multipliait ainsi les témoignages de son talent et qu'il en confirmait de plus en plus les titres, de plus en plus aussi le vide se faisait autour de lui, non-seulement dans le cercle des travaux auxquels il s'était voué, mais dans le champ même de l'invention, occupé d'abord par tant d'ingénieux artistes, et, quelle que fût la nature des recherches, si bien exploité par chacun d'eux. A l'exception de M. de Lemud, qui, en publiant, il y a vingt ans, Maître Wolframbet plusieurs autres lithographies remarquables, semblait nous promettre un œuvre dont les premiers feuillets seuls ont paru, pourrait-on citer dans cette période un dessinateur de quelque mérite ayant fait du crayon lithographique un moyen d'expression pour ses propres pensées? En revanche, le nombre est grand de ceux qui se sont contentés d'interpréter les pensées d'autrui, et depuis les portraits lithographies par M. Léon Noël d'après M. Winterhalter jusqu'aux reproductions des tableaux de Decamps ou de M. Robert Fleury parMM. Mouilleron et Eugène Leroux, on rencontrera sans doute plus d'une œuvre adroite, plus d'un témoignage matériel d'habileté. Le malheur est seulement que cette adresse soit employée ici à dissimuler l'insuffisance du procédé bien plutôt qu'à nous en faire pressentir les vraies ressources, que cette habileté se dépense en efforts ou en ruses pour donner au travail une apparence décevante de précision et d'achèvement.

La lithographie, nous le disions en commençant, ne saurait essayer de rivaliser avec la gravure sans abdiquer par cela même les privilèges qui lui sont propres, le genre d'autorité, modeste, mais réel, qui lui appartient. Sa fonction principale est de traduire directement une idée pittoresque, de l'inscrire sur la pierre au moment même où elle vient d'éclore dans l'esprit, avec toute la fraîcheur d'une inspiration première, sinon avec le laisser-aller de l'improvisation. Suit-il de là que nous refusions à la lithographie le droit de retracer quoi que ce soit en dehors de l'invention immédiate et de la fantaisie personnelle du dessinateur? Notre opinion n'est pas aussi absolue. Tout en croyant que l'office de l'art qu'ont pratiqué Charlet et Géricault, Vernet et Raffet, Decamps et Gavarni, est surtout de nous transmettre des pensées de premier jet et un travail original, nous n'entendons pas circonscrire toujours dans ces limites l'action d'un instrument qui a fait ailleurs et qui peut faire encore utilement ses preuves. Que le crayon interprète quelquefois les œuvres de la peinture, que, comme la pointe du graveur à l'eau-forte, il résume en quelques traits; il reproduise à sa manière l'aspect et les caractères principaux d'un tableau, - rien de mieux. Ce que nous demandons seulement en pareil cas, c'est que la traduction soit discrète, conforme à l'esprit du texte plutôt qu'à la lettre, à la réserve prescrite par le moyen plutôt qu'à des arrière-pensées ambitieuses et au souvenir de ce que le burin a pu et dû faire d'après des modèles semblables. M. Flandrin donnait à cet égard un excellent exemple lorsqu'en lithographiant, il y a quelques années, la Frise de la nef de Saint-Vincent-de-Paul, il extrayait, pour ainsi dire, avec autant de sobriété dans la pratique que de certitude dans le goût, la substance des vastes travaux que son pinceau avait exécutés sur les murailles de l'église.

La fausse ambition dont les dessinateurs lithographes semblent aujourd'hui tourmentés n'est-elle pas après tout un tort qu'ils partagent avec la plupart des autres artistes, et ne pourrait-on appliquer aux arts de notre époque, comme à beaucoup de ceux qui les pratiquent, le mot de La Rochefoucauld sur ses contemporains : Chacun veut être un autre et n'être pas ce qu'il est? Au lieu de faire simplement de la peinture pour les yeux et de la musique pour les oreilles, on a, suivant une esthétique nouvelle, attribué au pinceau je ne sais quelle vertu mélodique; la musique à son tour a affiché des prétentions pittoresques, et l'on a entrepris de représenter avec des sons jusqu'à la lumière. Comment la contagion de pareils exemples n'aurait-elle pas glissé des hauts lieux pour aller envahir les régions inférieures de l'art? Par quelle exception la lithographie aurait-elle résisté à cette manie générale d'usurpation ou de déguisement? - Hélas ! elle ne demande même plus à la gravure de vêtir ce qu'elle croit être son indigence. La voilà devenue maintenant la cliente de la photographie : c'est en ramassant les tristes bienfaits de celle-ci qu'elle cherche à alimenter les restes d'une existence humiliée et le peu qui a survécu de son activité d'autrefois.

Il y a quelques années encore, les portraits qu'on lithographiait bien ou mal avaient au moins ce mérite d'être exécutés sans le concours préalable d'un appareil mécanique, sans autre intermédiaire que le crayon entre l'original et la copie. Ils pouvaient être et ils étaient souvent en désaccord avec les strictes conditions du procédé : toutefois ce démenti même résultait d'un effort volontaire, d'un calcul erroné, mais d'un calcul; il y avait un souvenir enfin et une trace de l'art jusque dans la dextérité excessive du dessinateur. Dans lesportraits dont une machine a fourni les exemplaires à la lithographie, tout se réduit à une contre-épreuve plus ou moins fidèle de l'effigie ainsi obtenue; tout garde et doit garder cette apparence figée, cette physionomie équivoque, n'exprimant ni la mort, ni la vie, que la photographie impose comme un masque à la réalité. Franchement, mieux valaient encore, en ce qui intéresse l'intelligence, les formules apprêtées et les coquetteries du crayon. La même préférence n'est-elle pas due aux paysages lithographiés naguère avec une préoccupation un peu trop vive des vignettes anglaises, lorsqu'on rapproche de ces petites œuvres, si artificielles qu'elles soient, les vues froidement exactes qui ne viennent aujourd'hui se fixer sur la pierre qu'après s'être déposées une première fois sur la plaque du daguerréotype? Qu'ont de commun d'aussi inertes produits avec les combinaisons même imparfaites de l'art, avec les moindres opérations du talent?

Sous d'autres formes, et sans avoir d'ailleurs la photographie pour complice, les prétendus principes de dessin qu'on inflige aux regards des commençans ne sont guère de nature à inspirer plus de confiance, à raviver de meilleures traditions. Quel progrès espère-t-on stimuler, quelle doctrine pense-t-on accréditer en proposant ces modèles mensongers où l'adresse de la main est seule en cause, où l'expression naïve des contours et du modelé est remplacée par l'entre-croisement symétrique des hachures, et l'instructive habileté de l'artiste par l'inutile savoir-faire du calligraphe? Faut-il enfin parler, même en passant, de l'indigne emploi que font de la lithographie certaines mains salariées dans l'ombre pour renouveler, au talent près, l'entreprise autrefois tentée par Pierre Arétin, Jules Romain et Marc-Antoine, pour enchérir même sur ces honteux exemples? Qu'il nous suffise d'indiquer de loin de pareils méfaits. Il n'est pas besoin sans doute de descendre jusque-là pour recueillir les preuves de l'abaissement de la lithographie. Cette décadence ne ressort que trop bien de l'examen des œuvres qu'on peut du moins interroger en face et des témoignages de divers genres que nous avons essayé de rappeler.

Les artistes qui, après avoir suscité ou confirmé les progrès de la lithographie en France, ont, sauf Gavarni, disparu de la scène, n'ont pas laissé de successeurs parmi nous. L'art lui-même, sans être tout à fait tombé en désuétude, n'a plus aujourd'hui qu'un semblant de vie, un rôle subalterne, soit qu'il se fasse l'auxiliaire de la photographie, soit qu'il approvisionne de ses produits directs les écoles d'enfans ou les magasins d'éventails, de cartonnages, d'autres objets ayant une destination plus humble encore. Un nouveau procédé, il est vrai, la chromo-lithographie [8], a pu dans quelques occasions restituer une certaine importance aux travaux du crayon, ou tout au moins en relever les caractères industriels par la dignité même des modèles. Des ouvrages recommandables ont été exécutés au moyen de ce procédé, et il n'est que juste de citer parmi les meilleurs spécimens chromo-lithographiques les fac-similé des miniatures qui ornent les célèbres Heures d'Anne de Bretagne ou d'autres manuscrits précieux, la reproduction par M. Kellerhoven des peintures sur la Légende de Sainte-Ursule à Cologne, et surtout la copie par le même artiste du tableau de Memling conservé à l'académie de Bruges, le Baptême de Jésus-Christ. Il s'agit toutefois ici de tentatives et de découvertes ne se rattachant qu'indirectement au mouvement que nous cherchons à indiquer, d'une diversion plutôt que d'un progrès. Avec ses conditions et sa fonction toutes spéciales, la chromo-lithographie ne fait qu'apporter un surcroît de ressources à l'art d'interpréter les œuvres d'autrui. Elle ne pourrait que par exception nous transmettre les résultats immédiats de l'invention personnelle, et, dans ce cas-là même, la complication des moyens d'exécution donnerait au travail une physionomie à part, une signification indépendante du sens et des formes d'expression propres à la lithographie.

La régénération de celle-ci ne saurait donc être la conséquence des modifications, quelles qu'elles soient, des perfectionnemens introduits ou à introduire dans la pratique du nouveau procédé. Elle ne peut s'accomplir que par un mouvement de retour vers les doctrines originelles et les traditions de l'art lui-même, par une étude plus scrupuleuse des lois particulières qui le régissent, des exemples qui l'ont consacré. Les dessinateurs lithographes doivent-ils cependant imiter systématiquement la manière de tel ou tel de leurs prédécesseurs, et ne rien admettre dorénavant, ne rien chercher en dehors de ce qui a été fait avant eux? La diversité des talens qui se sont succédé depuis Vernet jusqu'à Gavarni prouve assez que, tout en respectant certains principes d'où la lithographie emprunte son caractère même et sa raison d'être, on peut suivre ses inspirations propres et donner carrière à son sentiment. Aussi souhaiterions-nous seulement que les artistes se souvinssent de ces exemples pour concilier à leur tour la liberté dans les intentions personnelles avec les justes exigences et les conditions nécessaires du moyen. Où, trouveraient-ils d'ailleurs, si ce n'est dans notre école, de sûrs enseignemens sur ce double devoir? Sans doute, depuis que la lithographie a été découverte, aucun pays de l'Europe n'a refusé, pour un objet ou pour un autre, d'en utiliser les procédés. Combien y en a-t-il toutefois qui revendiqueraient à juste titre une part d'influence considérable sur la marche de l'art? Quel est celui où des, artistes se sont produits, qu'on puisse, non pas opposer comme des rivaux aux maîtres français, mais seulement citer après ceux-ci pour l'originalité de la manière, pour la grâce ou la vigueur de, l'imagination? Quel nom étranger enfin, sauf le nom de Senefelder, est si étroitement lié à l'histoire de la lithographie qu'il soit impossible de le supprimer sans anéantir en même temps le souvenir! d'un fait significatif, d'un progrès?

En Italie, - et cela s'explique par les coutumes et le génie d'une école qui, de tout temps, a proscrit du domaine pittoresque l'expression familière, les intentions et le style de mezzo carattere dont se sont accommodées pourtant dans le même pays la poésie et la musique, - en Italie, le rôle de la lithographie est demeuré jusqu'ici à peu près nul. Dans l'école espagnole, hormis Goya, qui lithographia vers la fin de sa vie quelques pièces d'ailleurs bien inférieures par l'exécution à celles qu'il avait gravées autrefois en mélangeant les procédés de l'eau-forte et de l'aqua-tinte, on ne compterait guère d'artistes pour lesquels le crayon ait été rien de plus qu'un instrument d'opérations commerciales. Des portraits de personnages politiques dessinés tant bien que mal à mesure que les modèles attiraient sur eux l'attention ou la curiosité publique, des vues topographiques, quelques scènes de l'histoire contemporaine grossièrement retracées, comme cette série d'épisodes de l'Expédition dans le Maroc, publiée en 1861, tel serait à peu près le résumé des travaux lithographiques entrepris de l'autre côté des Pyrénées, si un grand ouvrage, exécuté, il est vrai, avec la collaboration de plusieurs dessinateurs français, l'Iconografia española, par M. Valentin Carderera, n'était venu récemment démentir dans une certaine mesure ces humbles coutumes de l'art espagnol et dénoter de plus sérieux efforts. C'est ce qu'on pourrait dire aussi, par opposition aux vulgaires produits de l'imagerie russe, de l'intéressante collection chromo-lithographique éditée à Moscou sous ce titre, les Antiquités de la Russie.

En Angleterre, la lithographie a été souvent employée avec succès, mais dans un but archéologique ou scientifique plutôt qu'en vue de l'art lui-même et des ressources qu'il peut offrir à l'expression de la fantaisie. Les recueils où l'on trouve soigneusement reproduits des monumens de l'architecture, des costumes anciens, des spécimens de botanique ou de zoologie, ne sont pas rares chez nos voisins, et depuis les lithographies que Owen Jones a insérées, à côté de planches gravées, dans son beau livre sur l'Alhambra, jusqu'à celles dont se composent les ouvrages publiés par M. Gally Knight sur l'Art ecclésiastique en Italie, ou par M. John Gould sur les Oiseaux de l'Australie, on pourrait citer bien des témoignages de ce concours prêté par le crayon aux travaux de l'érudition anglaise. Il serait plus difficile de rencontrer aux mêmes lieux des œuvres vraiment remarquables dans l'ordre des sujets de mœurs du de paysage, dans la caricature même : non pas certes que l'école anglaise dédaigne aucun de ces trois genres, mais parce que, au lieu de les traiter à l'aide du procédé lithographique, elle a recours en pareil cas à la gravure sur bois ou à ce mode de gravure bâtard dont les vignettes des keepsake offrent de si nombreux échantillons.

Enfin, depuis l'époque des premiers essais lithographiques jusqu'au temps où nous sommes, l'Allemagne a vu se succéder deux générations de dessinateurs habiles, mais d'une habileté vouée tout entière à la traduction des œuvres du pinceau. Encore a-t-il fallu, pour le plein succès de l'entreprise, que les modèles fussent choisis parmi les monumens de l'art national. En essayant d'interpréter par exemple les tableaux flamands ou hollandais, le crayon allemand n'a pas réussi à se départir de ses habitudes un peu raides, à s'assouplir aux conditions imposées par cette peinture à la fois précise et facile. Pour n'invoquer que ce témoignage entre beaucoup d'autres, la partie consacrée à l'école des Pays-Bas dans un grand ouvrage, la Galerie de Dresde, par Franz Hœnfstaengl, donnerait une assez fausse idée du mérite des originaux, si l'on en jugeait seulement sur les copies. Il n'en est pas ainsi des recueils où ne figurent que des lithographies d'après les tableaux ou les dessins de peintres nés de l'autre côté du Rhin. Dès l'année 1821, M. Strixner lithographiait avec fidélité, avec une sorte de piété patriotique, la Collection d'anciens tableaux allemands appartenant alors aux frères Boisserée et acquise, depuis par le roi de Bavière Louis Ier. Plus tard, les fac-similé, publiés par MM. Mansfeld et Förster, des dessins de Martin Schœn, d'Albert Durer et de plusieurs autres vieux maîtres venaient dignement rappeler les titres de l'école primitive, comme les lithographies d'après les compositions de M. Overbeck ou de ses disciples achevaient de populariser quelques talens éminens de l'école moderne. C'est dans ce genre de travaux surtout, c'est lorsque l'interprétation du modèle n'exige ni un instinct très vif de la couleur, ni un sentiment de l'harmonie en dehors de la pure cadence des lignes, que les dessinateurs allemands prouvent leurs aptitudes et qu'ils accusent nettement leur manière. Ils semblent dépaysés partout ailleurs, ou plutôt la lithographie n'existe pas pour eux en tant que procédé indépendant d'un type fixe et de formes déjà définies.

La lithographie est donc, à vrai dire, un art français, puisque c'est dans notre pays qu'elle a eu les plus brillantes origines, l'activité la plus féconde, les succès les plus variés. En France seulement, elle a été mieux qu'un moyen de reproduction pour des exemplaires fournis par les autres arts ou par la science, mieux aussi qu'un procédé au service des caprices chétifs et des vulgaires fantaisies. Grâce aux talens d'élite qui ont profité de ses ressources sans en forcer l'emploi ni la portée, elle a acquis de bonne heure et elle a gardé longtemps une importance d'autant plus sûre qu'elle se renfermait plus strictement dans son domaine. Tout cela désormais n'intéresserait-il que le passé? Ne saurions-nous, autrement que par le souvenir, ressaisir quelque chose des privilèges que nous avons possédés, des progrès qui se sont accomplis à une époque si près de nous et sur notre sol? Il semble impossible que notre école consente à se démentir elle-même et à s'abstenir de gaîté de cœur d'efforts conformes au fond à ses facultés naturelles, à son génie. Nous espérons qu'elle ne répudiera pas pour toujours un héritage qui lui appartient, des traditions qui l'obligent, des exemples qu'elle seule serait en mesure de renouveler : elle sait trop bien et par une trop longue expérience qu'à côté de la gloire qui récompense les hautes entreprises, une part d'honneur est réservée aussi à des travaux d'un caractère moins grave, à des œuvres n'ayant pour objet que l'amusement de l'imagination. Ce n'est pas sans doute dans la patrie de Callot, de Chardin, de Moreau, de cent autres ingénieux artistes dont les maîtres-lithographes de notre siècle ont fait revivre à leur manière le goût délicat et le fin bon sens, ce n'est pas dans le pays de l'art spirituel par excellence que l'on pourrait craindre sur ce point une disette de quelque durée, ou qu'il serait nécessaire de plaider une cause qui, de tout temps, a eu parmi nous tant de juges intéressés et tant de charmans talens pour défenseurs.

HENRI DELABORDE

NOTES

1. Pour ne citer que ces exemples, une épreuve des Deux Chevaux se battant dans une écurie par Géricault a été adjugée en 1861, à la vente de la collection Parguez, au prix de 560 francs, et une autre pièce du même maître, trois Soldats du train à cheval, au prix de 235 francs. Plus récemment, à la vente de la collection formée par M. de Lacombe, telle vignette servant de tête de lettre à une romance et lithographiée par Horace Vernet, par Decamps ou par Delacroix, a été échangée contre une somme d'argent dont on aurait payé, il y a quelques années, l'acquisition d'un dessin unique.

2. Voyez, dans la Revue du 1er janvier 1862, Charlet, par M. Eugène Delacroix.

3. Charlet avait si bien ce désir du mieux et ces exigences envers lui-même, qu'il lui est arrivé souvent de biffer un travail complètement achevé et de le recommencer sur nouveaux frais, soit pour modifier seulement quelques détails de la composition, soit pour transformer celle-ci d'un bout à l'autre. D'autres fois la pierre était sacrifiée après avoir fourni deux ou trois épreuves; d'autres fois enfin, des épreuves tirées en grand nombre et déjà misés dans le commerce étaient, au bout de quelques jours, soustraites par l'artiste à la publicité, le tout au grand désappointement des éditeurs et au préjudice très réel des intérêts matériels de Charlet. De là l'extrême rareté de certaines pièces passionnément recherchées aujourd'hui, et les prix élevés qu'elles atteignent, lorsqu'elles viennent par hasard à figurer dans une vente publique.

4. A l'époque où il remplissait les, fonctions de directeur de l'Académie de France à Rome, Vernet lithographia un Guarda bovi à cheval qui figure dans un album publié à Paris en 1831, trois ou quatre vignettes ou portraits et une pièce, dont il ne fit tirer que quelques épreuves, représentant la Découverte de la sépulture de Raphaël dans le Panthéon. Hormis ce petit

nombre de croquis faits à Rome entre les années 1830 et 1835, Horace Vernet n'ajouta rien aux deux cent cinquante lithographies environ, qui composaient déjà son œuvre, et dont les dernières portent la date de 1828.

5. L'ouvrage d'Arnault, Vie politique et militaire de Napoléon, contient deux grandes lithographies de la main de Decamps : la Bataille de Mondovi et laBataille d'Aboukir.

6. Raffet, sa Vie et ses Œuvres, par M. Auguste Bry, p. 112.

7. Raffet, son OEuvre lithographique et ses Eaux-Fortes, p. XII.

8. On appelle ainsi la lithographie coloriée sans le secours du pinceau et par le seul fait, des contacts successifs d'une épreuve avec plusieurs pierres préalablement teintées.

www.ingramcontent.com/pod-product-compliance
Lightning Source LLC
Chambersburg PA
CBHW071009180526
45168CB00003B/1350